GSAT

최최종 봉투모의고사

| 1회 |

KB083884

시험 구성 및 유의사항

- 본 모의고사는 아래와 같은 형식으로 구성되어 있습니다.

구분	문항 수	시간	비고
수리논리	20문항	30분	객관식 오지선다형
추리	30문항	30분	

- 2020년 하반기부터 2022년 하반기 GSAT의 영역별 출제 비중은 다음과 같습니다.

수리논리		추리	
응용수리	2문항	명제	3문항
		조건추리	11문항
		도형추리	3문항
자료해석	18문항	도식추리	4문항
		어휘추리	2문항
		독해추론	7문항

최최종 봉투모의고사 1회

정답과 해설 P.2~15

수리논리 20문항 / 30분

01 A 본부는 재무부, 인사부, 영업부로 구성되어 있으며 직원 수는 총 180명이다. 영업부 직원 수는 재무부 직원 수와 인사부 직원 수를 합한 값과 같으며, 재무부 직원 수의 2배보다 10명이 더 많을 때, 재무부 직원 수를 고르면?

① 40명　　　　　　　② 45명　　　　　　　③ 50명
④ 55명　　　　　　　⑤ 60명

02 과장 3명과 사원 2명이 총 다섯 자리로 구성된 원탁에 일정한 간격으로 둘러 앉아서 회의를 하려고 한다. 사원은 서로 이웃하여 앉을 수 없을 때, 가능한 경우의 수를 고르면?

① 3가지　　　　　　　② 6가지　　　　　　　③ 12가지
④ 24가지　　　　　　　⑤ 48가지

[03~04] 다음은 어느 지역의 연도별 산업 사고 발생 현황과 산업 사고에 의한 재산피해액을 조사한 자료이다. 주어진 자료를 바탕으로 질문에 답하시오.

[그래프] 연도별 산업 사고 발생 현황 (단위: 건, 명)

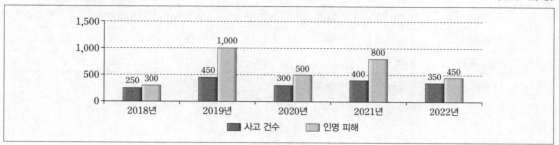

[그래프] 연도별 산업 사고에 의한 재산피해액 (단위: 억 원)

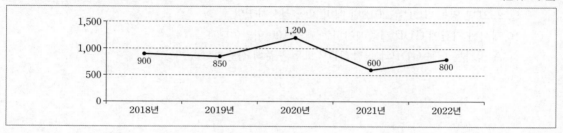

03 다음 설명 중 옳지 <u>않은</u> 것을 고르면?

① 2022년 산업 사고 건수는 2018년 대비 40% 증가하였다.
② 산업 사고 건수가 가장 많은 해에 인명 피해도 가장 크다.
③ 산업 사고 건수 1건당 인명 피해가 2명 이상인 해는 2개이다.
④ 산업 사고 건수가 많을수록 산업 사고에 의한 재산피해액도 많다.
⑤ 2022년 산업 사고에 의한 재산피해액은 2018년 대비 100억 원 감소하였다.

04 주어진 자료에 대한 [보기]의 설명 중 옳은 것을 모두 고르면?

┤ 보기 ├
㉠ 2022년 재산피해액은 전년 대비 30% 이상 증가하였다.
㉡ 2019년 이후 전년 대비 재산피해액이 가장 적게 변한 해는 2022년이다.
㉢ 2018년 산업 사고 1건당 재산피해액은 3.5억 원 이상이다.
㉣ 2018~2022년 산업 사고에 의한 재산피해액은 연평균 800억 원이다.

① ㉠, ㉡   ② ㉠, ㉢   ③ ㉡, ㉢
④ ㉡, ㉣   ⑤ ㉢, ㉣

05 다음은 2017년부터 2022년까지 A 국가의 GDP를 조사한 자료이다. 주어진 자료에 대한 설명 중 옳은 것을 고르면?

[표] 2017~2022년 A 국가의 GDP   (단위: 조 원)

구분	2017년	2018년	2019년	2020년	2021년	2022년
명목 GDP	145	160	150	180	200	250
실질 GDP	150	180	200	210	240	240

※ 1) (경제성장률)(%)= $\dfrac{\text{(당해 실질 GDP)}-\text{(전년 실질 GDP)}}{\text{(전년 실질 GDP)}}\times100$

2) (GDP 디플레이터)= $\dfrac{\text{(명목 GDP)}}{\text{(실질 GDP)}}\times100$

① 2021년 GDP 디플레이터는 전년 대비 증가했다.
② 2020년 경제성장률은 2018년 대비 15%P 더 낮다.
③ 2021년 명목 GDP는 2018년 대비 30% 성장하였다.
④ 제시된 기간에 GDP 디플레이터는 매년 100 미만이다.
⑤ A 국가는 명목 GDP와 실질 GDP 모두 꾸준히 상승하고 있다.

06 다음은 남학생 수가 600명이고 여학생 수가 400명인 어느 고등학교 학생들의 2022년 9월부터 12월까지 월별 도서관 이용자 수를 조사한 자료이다. 주어진 자료에 대한 설명 중 옳지 <u>않은</u> 것을 고르면?

[그래프] 월별 도서관 이용자 수   (단위: 명)

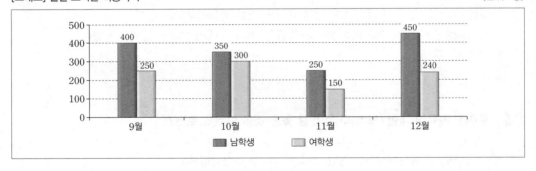

① 12월 도서관을 이용한 여학생 수는 전월 대비 60% 증가했다.
② 9월부터 12월까지 남학생은 월평균 350명 이상이 이용하였다.
③ 전체 여학생 중 12월에 도서관을 이용한 여학생 비율은 60%이다.
④ 도서관을 이용한 남학생 수가 가장 적은 달에는 여학생 수도 가장 적다.
⑤ 도서관을 이용한 전체 학생 수가 가장 많은 달에 도서관을 이용한 전체 학생 수는 680명이다.

[07~08] 다음은 지역 A~E의 국유지 현황과 도시 면적 및 인구 현황을 조사한 자료이다. 주어진 자료를 바탕으로 질문에 답하시오.

[표] 지역별 국유지 현황 (단위: ha, 억 원)

구분		지역 A	지역 B	지역 C	지역 D	지역 E
일반 재산	면적	1,200	800	1,500	1,400	1,000
	감정가	25,000	20,000	24,000	21,000	22,000
행정 재산	면적	1,350	1,000	1,450	1,250	1,200
	감정가	27,000	24,500	29,000	22,100	23,100

[그래프] 지역별 도시 면적 및 인구 현황 (단위: ha, 명)

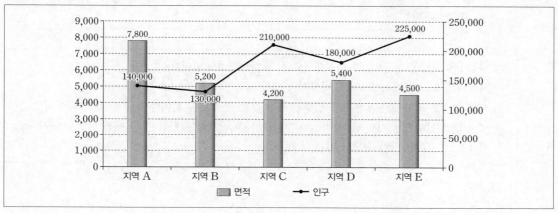

※ (인구밀도)=$\dfrac{(인구)}{(면적)}$

07 다음 설명 중 옳은 것을 고르면?

① 인구가 가장 많은 지역이 면적도 가장 넓다.
② 행정 재산에 해당하는 국유지의 면적이 가장 넓은 지역은 A이다.
③ 지역 D의 행정 재산에 대하여 면적당 감정가는 20억 원 이상이다.
④ 일반 재산에 해당하는 국유지의 감정가는 지역 C가 지역 B보다 4,000억 원 더 많다.
⑤ 행정 재산에 대한 감정가가 가장 높은 지역이 일반 재산에 대한 감정가도 가장 높다.

08 주어진 자료에 대한 [보기]의 설명 중 옳은 것을 모두 고르면?

┤ 보기 ├
㉠ 지역 A의 인구밀도는 20명/ha 이상이다.
㉡ 지역 C와 인구밀도가 같은 지역은 1개이다.
㉢ 지역 E의 인구밀도는 지역 B의 인구밀도보다 크다.
㉣ 두 지역 D와 E 전체의 인구밀도는 30명/ha 미만이다.

① ㉠, ㉣ ② ㉠, ㉢ ③ ㉡, ㉢
④ ㉠, ㉡, ㉢ ⑤ ㉡, ㉢, ㉣

09 다음은 H 회사가 12,000명을 대상으로 자사에서 판매하는 5개 제품에 대한 선호도와 제품 D를 선택한 사람들에게 항목별 선호도를 조사한 자료이다. 주어진 자료에 대한 [보기]의 설명 중 옳은 것을 모두 고르면?

[그래프] 제품별 선호도   (단위: %)

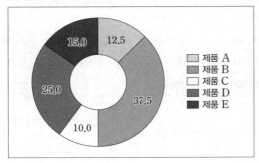

[그래프] 제품 D의 항목별 선호도   (단위: %)

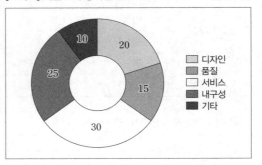

┤ 보기 ├
ㄱ 제품 D를 선호하는 사람 중 품질을 선호하는 사람은 400명이다.
ㄴ 제품 선호도 조사에서 4,500명 이상이 선택한 제품은 1개이다.
ㄷ 제품 선호도 조사에서 제품 E를 선택한 사람 수는 제품 C를 선택한 사람 수의 1.5배이다.
ㄹ 제품 D를 선호하는 사람 중 서비스와 기타 항목을 선호하는 사람 수는 제품 선호도 조사에서 제품 C를 선택한 사람 수보다 많다.

① ㄱ, ㄴ   ② ㄱ, ㄷ   ③ ㄴ, ㄷ
④ ㄴ, ㄹ   ⑤ ㄷ, ㄹ

10 다음은 연도별 기업 A와 기업 B의 무역 현황을 조사한 자료이다. 주어진 자료에 대한 설명 중 옳은 것을 고르면?

[그래프] 연도별 기업 A의 무역 현황 (단위: 만 달러)

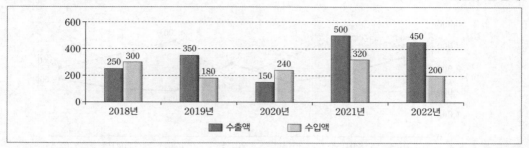

[그래프] 연도별 기업 B의 무역 현황 (단위: 만 달러)

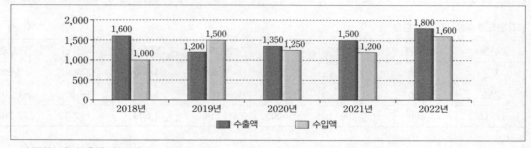

※ 1) (무역수지)=(수출액)−(수입액)
　　2) 무역수지가 양수(+)이면 흑자이고, 음수(−)이면 적자임

① 기업 A의 5년간 총수출액은 1,800만 달러이다.
② 기업 B의 2020년 수출액은 전년 대비 15% 증가하였다.
③ 2019년 대비 2021년 수출액 증가율은 기업 A가 더 크다.
④ 2019년 이후 기업 B의 수입액 평균은 1,200만 달러 미만이다.
⑤ 기업 A의 무역수지가 흑자일 때, 기업 B의 무역수지도 흑자이다.

[11~12] 다음은 연도별 어느 국가의 민형사사건 접수 건수와 형사사건 처리 현황을 조사한 자료이다. 주어진 자료를 바탕으로 질문에 답하시오.

[그래프] 연도별 민형사사건 접수 건수 (단위: 천 건)

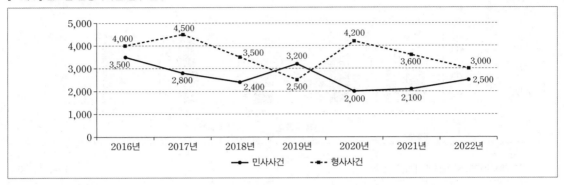

[표] 연도별 형사사건 처리 현황 (단위: 천 건)

구분	2016년	2017년	2018년	2019년	2020년	2021년	2022년
처분	3,800	4,200	3,200	2,400	4,000	3,500	2,800
기소	1,600	1,800	1,500	1,000	1,600	1,500	1,200
불기소	1,800	2,100	1,600	1,200	2,000	1,600	1,300

※ (처분)=(기소)+(불기소)+(이송)

11 다음 설명 중 옳지 않은 것을 고르면?

① 2021년 민사사건 접수 건수는 2016년 대비 40% 감소하였다.
② 2020년 민사사건 접수 건수는 전년 대비 120만 건 감소하였다.
③ 2017년부터 2021년까지 민사사건은 연평균 250만 건 접수되었다.
④ 제시된 기간에 접수된 형사사건 중 불기소 처분되는 사건이 기소 처분되는 사건보다 매년 더 많다.
⑤ 2017년 이후 형사사건 처리 현황에서 기소 처리된 사건 수와 불기소 처리된 사건 수의 전년 대비 증감 추이는 서로 다르다.

12 주어진 자료와 [보기]의 식을 바탕으로 다음 설명 중 옳은 것을 고르면?

┤ 보기 ├

• (기소율)(%)$= \dfrac{(\text{기소 건수})}{(\text{처분 건수})} \times 100$ • (불기소율)(%)$= \dfrac{(\text{불기소 건수})}{(\text{처분 건수})} \times 100$

① 2017년 기소율은 50% 이상이다.
② 2022년 불기소율은 40% 미만이다.
③ 2020년 기소율은 2년 전 대비 5%P 이상 감소하였다.
④ 제시된 기간 중 불기소율이 50%인 해는 세 번 있었다.
⑤ 제시된 기간 중 기소율이 50%를 넘은 해는 두 번 있었다.

13 다음은 K 국가의 경제활동 현황과 여성 경제활동 현황을 조사한 자료이다. 주어진 자료에 대한 [보기]의 설명 중 옳지 <u>않은</u> 것을 모두 고르면?

[그래프] 연도별 경제활동 현황 (단위: 천 명, %)

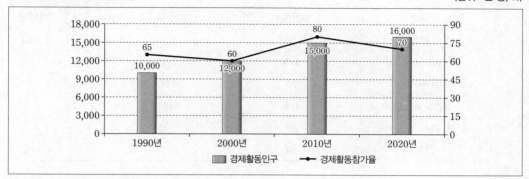

※ (경제활동참가율)(%) = $\dfrac{(경제활동인구)}{(15세 이상 인구)} \times 100$

[표] 연도별 여성 경제활동 현황 (단위: 천 명)

구분	1990년	2000년	2010년	2020년
15세 이상 여성 인구	8,000	10,000	10,000	12,000
여성 경제활동인구	5,000	5,000	6,000	6,600

┤ 보기 ├
ㄱ. 2000년 경제활동참가율은 10년 전 대비 5% 감소하였다.
ㄴ. 2010년 K 국가의 15세 이상 인구는 1,500만 명 미만이다.
ㄷ. 2020년 여성 경제활동참가율은 1990년 대비 7.5%P 감소하였다.
ㄹ. 제시된 기간 중 여성 경제활동인구가 최대인 해에 K 국가의 경제활동인구도 최대이다.

① ㄱ, ㄴ
② ㄱ, ㄹ
③ ㄷ, ㄹ
④ ㄱ, ㄴ, ㄷ
⑤ ㄴ, ㄷ, ㄹ

14 다음은 연도별 우리나라의 경제활동별 생산자산액과 2017년 경제활동별 생산자산액 비율을 조사한 자료이다. 주어진 자료에 대한 [보기]의 설명 중 옳은 것을 모두 고르면?

[표] 경제활동별 생산자산액 (단위: 조 원)

구분	2010년	2014년	2017년
합계	1,500	2,700	3,000
서비스업	870	1,800	( )
농림어업	75	90	( )
광업·제조업	405	630	( )
전기·가스·수도사업	60	45	( )
건설업	90	135	( )

[그래프] 2017년 경제활동별 생산자산액 비율 (단위: %)

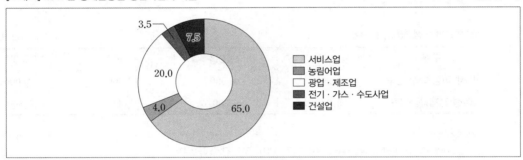

3.5
7.5
20.0
4.0
65.0

서비스업
농림어업
광업·제조업
전기·가스·수도사업
건설업

┤ 보기 ├
ㄱ 2014년 건설업 생산자산액은 2010년 대비 60% 증가하였다.
ㄴ 2017년 서비스업 생산자산액은 2,000조 원 이상이다.
ㄷ 2017년 농림어업 생산자산액은 2014년 대비 30% 이상 증가하였다.
ㄹ 2010년 광업·제조업 생산자산액은 제시된 경제활동 생산자산액 합계의 27%를 차지한다.

① ㄱ, ㄷ   ② ㄱ, ㄹ   ③ ㄴ, ㄷ
④ ㄴ, ㄹ   ⑤ ㄷ, ㄹ

[15~16] 다음은 어느 지역의 연도별 흡연자 수를 조사한 자료이다. 주어진 자료를 바탕으로 질문에 답하시오.

[표] 연도별 흡연자 수

(단위: 백 명)

구분	전체 흡연자 수	연령대		
		20대	50대	60대 이상
2018년	12,000	2,250	2,100	1,500
2019년	12,500	2,400	2,000	1,600
2020년	14,000	2,520	2,800	1,540
2021년	13,000	2,340	2,470	1,560
2022년	12,000	2,100	2,250	1,560

※ 조사한 자료의 흡연자는 모두 20대 이상임

15 다음 설명 중 옳은 것을 고르면?

① 2020년 전체 흡연자 수는 전년 대비 12% 증가하였다.
② 2022년 50대 흡연자 수는 3년 전 대비 2만 명 증가하였다.
③ 제시된 기간 중 60대 이상 흡연자 수가 전체 흡연자 수의 10% 미만인 해는 1개이다.
④ 2021년 50대의 흡연자 수가 전체 흡연자 수에서 차지하는 비율은 20% 이상이다.
⑤ 2020년 이후 흡연자 수의 증감 추이는 20대와 60대 이상이 동일하다.

16 주어진 자료에 대한 [보기]의 설명 중 옳은 것을 모두 고르면?

┤ 보기 ├
㉠ 2022년 30~40대 흡연자 수는 70만 명 이상이다.
㉡ 2018~2020년 50대 흡연자 수는 연평균 23만 명이다.
㉢ 2018년 흡연자 수는 20대가 50대보다 15,000명 더 많다.
㉣ 제시된 기간 중 50대 흡연자 수가 최대인 해에 60대 이상 흡연자 수도 최대이다.

① ㉠, ㉡   ② ㉡, ㉢   ③ ㉢, ㉣
④ ㉠, ㉡, ㉣   ⑤ ㉡, ㉢, ㉣

17 다음은 2015년부터 2020년까지 제품 A, B, C의 연간 판매량과 2020년 제품별 구매자 연령대 비율을 조사한 자료이다. 주어진 자료에 대한 설명 중 옳지 <u>않은</u> 것을 고르면?(단, 구매자는 제품을 1개만 구매했다.)

[그래프] 연도별 제품 A, B, C 판매량 (단위: 천 개)

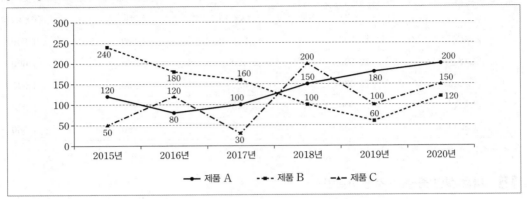

[그래프] 2020년 제품별 구매자 연령대 비율 (단위: %)

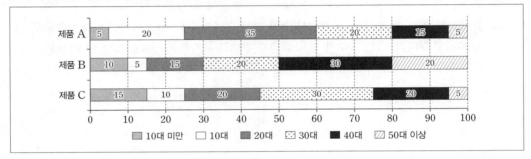

① 2020년 제품 A를 구매한 20대는 7만 명이다.
② 제시된 기간에 제품 B의 총판매량은 800천 개 이상이다.
③ 2018년 제품 A의 판매량은 2년 전 대비 80% 미만 증가하였다.
④ 2016년부터 2020년까지 제품 C의 연평균 판매량은 12만 개이다.
⑤ 2020년 제품 B를 구매한 30대 이하의 구매자는 제품 C를 구매한 30대 이하의 구매자보다 적다.

18 다음은 2022년 분기별 평균 기온을 조사한 자료이다. 주어진 자료를 바탕으로 빈칸에 해당하는 값을 예측했을 때, 가장 적절한 것을 고르면?

[표] 2022년 분기별 평균 기온   (단위: ℃, ℉)

구분	1/4분기	2/4분기	3/4분기	4/4분기
섭씨온도	(㉠)	28	15	4
화씨온도	60.8	82.4	(㉡)	39.2

※ (화씨온도)=a×(섭씨온도)+b

	㉠	㉡
①	15	59
②	15	60
③	16	59
④	16	60
⑤	16	61

19 다음은 연도별 C 국가의 자동차 생산량을 조사한 자료이다. 주어진 자료를 바탕으로 자동차 생산량 비중을 그래프로 나타내었을 때, 옳지 <u>않은</u> 것을 고르면?

[그래프] 연도별 C 국가의 자동차 생산량 　　　　　　　　　　　　　　　　　　(단위: 백 대)

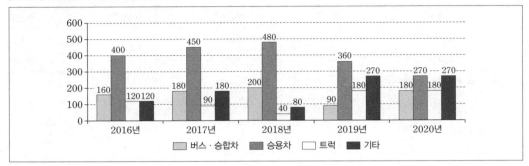

① 2016년 자동차 생산 비중

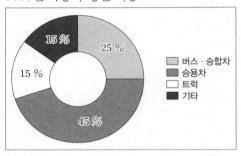

② 2017년 자동차 생산 비중

③ 2018년 자동차 생산 비중

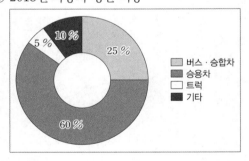

④ 2019년 자동차 생산 비중

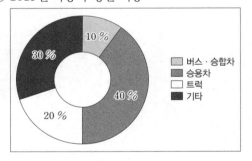

⑤ 2020년 자동차 생산 비중

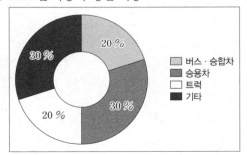

20 다음은 시간에 따른 박테리아 A, B의 개체 수를 조사한 자료이다. 두 박테리아의 개체 수는 일정한 규칙으로 변화할 때, 박테리아 B의 개체 수가 박테리아 A의 개체 수보다 처음으로 많아지는 시기를 고르면?

[표] 박테리아 개체 수 변화 (단위: 마리)

구분	실험 시작	1일 후	2일 후	3일 후	4일 후
박테리아 A	500	510	520	530	540
박테리아 B	400	420	440	460	480

① 9일 후   ② 10일 후   ③ 11일 후
④ 12일 후   ⑤ 13일 후

01 다음 전제를 보고 항상 참인 결론을 고르면?

전제1	체력이 좋아지면 살이 빠진다.
전제2	하루에 10,000보 이상 걸으면 체력이 좋아진다.
결론	

① 살이 빠지면 하루에 10,000보 이상 걷는다.
② 하루에 10,000보 이상 걸으면 살이 빠진다.
③ 살이 빠지면 하루에 10,000보 이상 걷지 않는다.
④ 하루에 10,000보 이상 걸으면 살이 빠지지 않는다.
⑤ 살이 빠지지 않으면 하루 10,000보 이상 걸어야 한다.

02 다음 전제를 보고 항상 참인 결론을 고르면?

전제1	스마트폰이 있는 모든 사람은 이어폰을 가지고 있다.
전제2	스마트폰이 있는 어떤 사람은 태블릿을 가지고 있다.
결론	

① 태블릿을 가지고 있는 사람은 모두 이어폰을 가지고 있다.
② 이어폰을 가지고 있는 사람은 모두 태블릿을 가지고 있지 않다.
③ 태블릿을 가지고 있는 어떤 사람은 이어폰을 가지고 있지 않다.
④ 이어폰을 가지고 있는 사람은 모두 태블릿을 가지고 있다.
⑤ 이어폰을 가지고 있는 어떤 사람은 태블릿을 가지고 있다.

03 다음 결론이 반드시 참이 되게 하는 전제를 고르면?

전제1	우울하지 않은 사람은 건강하다.
전제2	
결론	건강하지 않은 사람은 취미가 없다.

① 우울한 사람은 취미가 있다.
② 우울하지 않은 사람은 취미가 있다.
③ 우울한 사람은 취미가 없다.
④ 취미가 없는 사람은 우울하다.
⑤ 우울하지 않은 사람은 취미가 없다.

04 빨강팀 또는 파랑팀에 속한 A~F의 6명이 달리기 시합을 하였다. 주어진 [조건]을 바탕으로 항상 옳지 않은 것을 고르면?

┤ 조건 ├
- 빨강팀과 파랑팀은 각각 3명이다.
- A는 빨강팀이고, 파랑팀인 B보다 먼저 결승선을 통과했다.
- 3등과 6등은 파랑팀이고, 그중 한 명은 C이다.
- D와 E 등수의 합은 6이고, D는 빨강팀, E는 파랑팀이다.
- 빨강팀 등수의 총합은 파랑팀 등수의 총합보다 크다.
- 동시에 결승선을 통과한 사람은 없다.

① A가 2등이면 F는 4등이다.
② F가 2등이면 B는 3등이다.
③ F는 빨강팀이다.
④ B가 3등이면 F는 C보다 먼저 결승선을 통과했다.
⑤ 가능한 경우의 수는 3가지이다.

05 A~F 6명의 직원이 원탁에 일정한 간격으로 둘러앉아 마주 보고 회의를 했을 때, 주어진 [조건]을 바탕으로 항상 옳은 것을 고르면?

┤ 조건 ├
- A는 부장, B와 C는 과장, D와 E는 대리, F는 사원이다.
- 직급이 같은 직원은 서로 마주 보고 앉아 있다.
- D의 오른쪽에 앉은 직원은 C이다.

① A는 E의 왼쪽에 앉아 있다.
② B는 F의 왼쪽에 앉아 있다.
③ 가능한 경우의 수는 3가지이다.
④ 대리의 오른쪽에 앉은 직원은 과장이다.
⑤ C의 오른쪽에 F가 앉았다면, D의 오른쪽에 A가 앉았다.

06 어느 회사의 총무팀에서 디자인팀 팀원 6명에게 필요로 하는 볼펜을 조사하여 구매를 진행하려고 한다. 주어진 [조건]을 바탕으로 볼펜을 구매하는 데 필요한 최소 금액을 고르면?

┤ 조건 ├
- 디자인팀 팀원 A, B, C, D, E, F의 6명은 각각 2개씩 총 8가지 색깔의 볼펜을 주문하였다.
- B는 하늘색 볼펜 2개를 주문하였다.
- 노란색 볼펜은 E 한 명만 주문하였다.
- 구매할 수 있는 볼펜의 최대 수량은 색깔별로 2개씩이다.
- C는 파란색 볼펜 1개를 주문하였고, A는 초록색 볼펜 1개를 주문하였다.

[표] 색볼펜 가격
(단위: 원)

검정	빨강	파랑	초록	주황	노랑	보라	연두	분홍	하늘
500	700	600	800	400	1,000	900	600	800	700

① 7,100원　　　　　② 7,200원　　　　　③ 7,300원
④ 7,400원　　　　　⑤ 7,500원

07 101호부터 204호까지 지우, 정민, 은지, 강민, 현수, 지연, 준식, 동준 8명을 배정하려고 한다. 주어진 [조건]을 바탕으로 항상 옳은 것을 고르면?

조건

\<2층\>	201호	202호	203호	204호
\<1층\>	101호	102호	103호	104호

- 각 방에는 1명만 배정된다.
- 지우의 방과 은지의 방 사이에는 2명이 배정된다.
- 정민이와 지우는 다른 층의 방을 사용한다.
- 강민이는 104호에 배정된다.
- 현수의 방 바로 아랫방에는 지연이가 배정된다.
- 지연이의 방과 강민이의 방 사이에는 1명이 배정된다.

① 지우가 204호에 배정되면 준식이는 1층에 배정된다.
② 강민이의 방 바로 윗방에는 은지가 배정된다.
③ 동준이와 준식이는 같은 층에 배정된다.
④ 지연이와 정민이는 같은 층에 배정된다.
⑤ 준식이가 2층에 배정될 때 가능한 경우의 수는 6가지이다.

08 민수, 철수, 명수, 승수, 윤수, 경수, 인수 7명이 4층짜리 건물에 산다. 이 건물의 각 층에는 3개의 호실이 있을 때, 주어진 [조건]을 바탕으로 항상 옳은 것을 고르면?

조건

- 민수는 1층에 살고, 철수는 2층에 산다.
- 철수, 명수, 승수는 서로 다른 층에 산다.
- 윤수, 경수, 인수는 서로 다른 층에 산다.
- 경수는 승수보다 아래층에, 명수보다 위층에 산다.
- 철수는 윤수보다 아래층에, 인수보다 위층에 산다.

① 윤수가 4층에 살면 경수는 3층에 산다.
② 가능한 경우의 수는 4가지이다.
③ 민수와 같은 층에 사는 사람은 민수를 포함하여 2명이다.
④ 경수가 3층에 살면 명수는 2층에 산다.
⑤ 승수가 3층에 살면 인수는 1층에 산다.

09 어느 날 무인 커피숍에 2명의 도둑이 들었다. 다음날 경찰은 해당 사건 발생일에 용의자 6명을 대상으로 조사를 진행했는데 이 중 범인이 아닌 사람은 진실을 말하고 범인은 거짓을 말한다는 것을 확인하였다. 주어진 [대화]를 바탕으로 범인 2명을 바르게 짝지은 것을 고르면?

┤ 대화 ├
- 주아: 선유는 범인이다.
- 지우: 주아는 범인이 아니다.
- 현서: 한구와 정수는 둘 다 범인이 아니다.
- 선유: 정수는 범인이 아니다.
- 한구: 주아는 범인이다.
- 정수: 지우는 범인이다.

① 주아, 지우 　② 한구, 주아 　③ 지우, 현서
④ 현서, 선유 　⑤ 선유, 정수

10 △△기업의 어느 부서에는 이 부장, 박 차장, 김 과장, 홍 대리, 최 주임, 양 주임, 김 사원, 심 사원 8명이 근무한다. 주어진 [조건]을 바탕으로 가장 늦게 출근한 직원을 고르면?

┤ 조건 ├
- 김 과장은 세 번째로 출근하였다.
- 이 부장은 홍 대리보다 먼저 출근하였으나 양 주임보다 늦게 출근하였다.
- 심 사원은 김 과장보다 먼저 출근하였으나 박 차장보다 늦게 출근하였다.
- 홍 대리는 김 사원의 출근 바로 이전에 또는 바로 이후에 출근하였다.
- 김 과장과 김 사원의 출근 사이에 두 명이 출근하였다.

① 양 주임 　② 최 주임 　③ 홍 대리
④ 이 부장 　⑤ 김 사원

11 어느 슈퍼마켓에서 오전에 포도주스, 딸기주스, 오렌지주스, 사과주스를 각각 1병씩 냉장고에 진열하였는데 오후에 보니 모두 판매되었다. 오전에 가게에 온 손님 A, B, C, D 4명이 각자 주스를 하나씩 샀을 때, 주어진 [조건]을 바탕으로 주스와 산 사람을 각각 바르게 짝지은 것을 고르면?

┤ 조건 ├
- A의 바로 앞에 온 손님은 사과주스를 사지 않았다.
- A의 바로 뒤에 온 손님은 오렌지주스 또는 사과주스를 사지 않았다.
- C의 바로 뒤에 온 손님이 딸기주스를 샀다.
- 딸기주스를 산 손님 바로 뒤에 온 손님이 존재하며, B가 아니다.
- 마지막으로 온 손님은 포도주스를 사지 않았다.
- A보다 나중에 온 손님은 두 명이다.

	포도주스	딸기주스	오렌지주스	사과주스
①	A	B	C	D
②	B	A	D	C
③	C	A	B	D
④	D	A	C	B
⑤	D	B	C	A

12 김 씨는 유럽 여행을 하기 위해 계획을 세우고 있다. 영국, 벨기에, 프랑스, 스위스, 이탈리아를 한 번씩만 방문하면서 여행하고자 할 때, 주어진 [조건]을 바탕으로 항상 옳지 않은 것을 고르면?

┤ 조건 ├
- 이탈리아에서 프랑스로 바로 여행하지 않는다.
- 스위스는 이탈리아 여행 바로 전이나 후에 여행할 예정이다.
- 영국보다 프랑스를 먼저 여행하며, 프랑스에서 영국으로 여행하기 전에 다른 한 나라를 여행한 뒤에 여행할 예정이다.

① 가능한 경우의 수는 3가지이다.
② 스위스를 두 번째로 여행하면 벨기에는 네 번째로 여행한다.
③ 벨기에는 첫 번째 여행지가 될 수 없다.
④ 이탈리아는 두 번째 여행지가 될 수 있다.
⑤ 이탈리아는 마지막 여행지가 될 수 있다.

13 S사 직원들은 12개의 방이 있는 자사 연수원으로 워크숍을 가게 되었다. 주어진 [조건]을 바탕으로 항상 옳은 것을 고르면?

| 조건 |

301호	302호	303호	304호
201호	202호	203호	204호
101호	102호	103호	104호

- 워크숍에 참여한 직원들은 5개의 조로 구성되었고, 12개의 방 중 5개의 방을 예약하여 조별로 1개씩 정한 뒤 투숙한다.
- 2층에서는 202호만 사용한다.
- 투숙할 5개의 방 중 같은 층이면서 이웃한 방은 없다.
- 짝수 호실 3개, 홀수 호실 2개를 사용한다.
- 1층에서는 101호를 포함하여 2개의 방을 사용한다.

① 가능한 경우의 수는 2가지이다.
② 3호실 3개 중 적어도 1개는 사용한다.
③ 짝수 호실 2개를 모두 사용하는 층이 있다.
④ 303호의 사용 여부는 알 수 없다.
⑤ 304호를 사용하면 301호도 사용한다.

14 제품 개발팀의 A~F는 아래의 내용에 따라 출근하였을 때, 주어진 [조건]을 바탕으로 항상 옳은 것을 고르면?

| 조건 |

- D는 A보다 먼저 출근하였다.
- E는 D보다 먼저 출근하였다.
- B보다 먼저 출근한 직원은 없다.
- F는 E의 바로 전에 출근하였다.
- C는 A의 바로 다음에 출근하였다.

① F와 A 사이에 출근한 직원은 2명이다.
② F는 A, C 중 적어도 한 사람보다 늦게 출근하였다.
③ 가장 마지막으로 출근한 직원은 A, B, C 세 명 중에 없다.
④ D의 바로 전후에 출근한 직원 중 A는 없다.
⑤ 가능한 경우의 수는 2가지이다.

15 다음에 주어진 도형을 보고 적용된 규칙을 찾아 '?'에 해당하는 적절한 도형을 고르면?

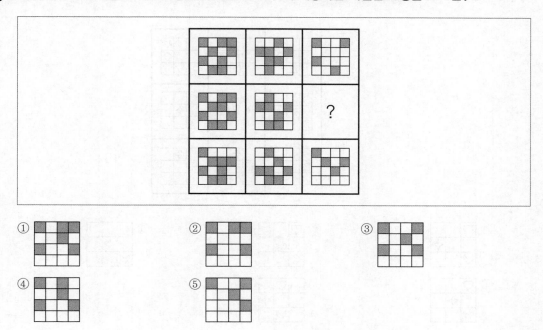

16 다음에 주어진 도형을 보고 적용된 규칙을 찾아 '?'에 해당하는 적절한 도형을 고르면?

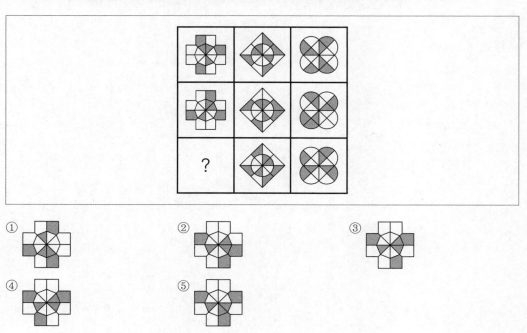

17 다음에 주어진 도형을 보고 적용된 규칙을 찾아 '?'에 해당하는 적절한 도형을 고르면?

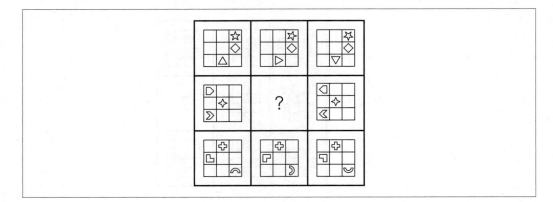

①

②

③

④

⑤

기호들이 하나의 규칙을 가지고 아래와 같이 문자나 숫자를 변화시킨다고 한다. 이때 다음 (?)에 들어갈 알맞은 것을 고르시오.(단, 가로와 세로 중 한 방향으로만 이동하며, Z 다음은 A, 9 다음은 0이다.)

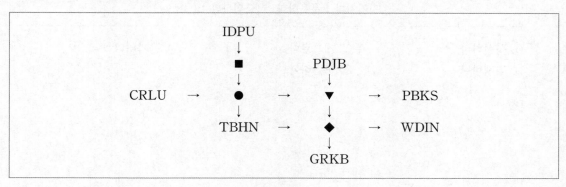

18

$$PEAR \rightarrow ■ \rightarrow ◆ \rightarrow (?)$$

① UGBP   ② HRBR   ③ SCFR
④ HRSA   ⑤ UGQA

19

$$MASK \rightarrow ▼ \rightarrow ■ \rightarrow ● \rightarrow (?)$$

① LIZQ   ② JKZQ   ③ YJQL
④ JYLQ   ⑤ ZILQ

20

$$(?) \rightarrow ● \rightarrow ◆ \rightarrow DTVW$$

① FTVT   ② ATVW   ③ BTVY
④ RAUW   ⑤ AURW

21

$$(?) \rightarrow ◆ \rightarrow ● \rightarrow ▼ \rightarrow SKLQ$$

① ISLS   ② OWNS   ③ MSLO
④ GOJO   ⑤ QKQN

22 다음 단어 쌍의 관계가 동일하도록 괄호 안에 들어갈 알맞은 단어를 고르면?

활기차다 : 우울하다 = 근면하다 : (   )

① 성실하다   ② 게으르다   ③ 근가하다
④ 면책하다   ⑤ 오만하다

23 다음 중 단어 쌍의 관계가 나머지와 <u>다른</u> 것을 고르면?

① 신고 – 보고
② 발화 – 진화
③ 광명 – 암흑
④ 한파 – 온파
⑤ 동감 – 반감

24 다음 글의 내용이 참일 경우, 반드시 **거짓**인 진술을 고르면?

> 탄소나노튜브는 강철의 100배 이상 강한 강도를 가지면서 무게는 4분의 1 이하로 가볍고 구리 수준의 높은 전기전도도를 가지는 신소재이다. 탄소나노튜브 섬유는 탄소나노튜브로만 섬유가 이루어진 '순수 탄소나노튜브'와 고분자 물질이 첨가된 '탄소나노튜브 복합 탄소섬유'로 나뉜다. 최근 강도와 탄성률을 높인 탄소나노튜브 복합 탄소섬유의 저가 공정기술이 개발됐다. 탄소나노튜브와 폴리이미드의 복합섬유를 제조한 뒤, 고온 열처리해 강도를 유지하면서 높은 탄성률을 가지는 섬유가 제조됐다. 이는 기존에 상용화된 탄소섬유의 탄성률과 비교해 약 1.6배 높은 수준이다. 이를 통해 저가 고분자를 활용함으로써 탄소나노튜브 기반 탄소섬유의 제조원가를 획기적으로 낮출 수 있게 되었으며 그동안 가격 문제로 활용되지 못했던 항공우주, 국방 및 미래 모빌리티 산업에 향후 활용될 수 있을 것이다.

① 순수 탄소나노튜브 섬유는 고분자 물질이 첨가되어 있지 않은 섬유이다.
② 탄소나노튜브는 강철보다 강하면서도 무게는 가볍고 전기전도도가 높은 신소재이다.
③ 탄소나노튜브와 폴리이미드의 복합섬유는 기존의 복합 탄소섬유보다 가격 면에서 비싸진다.
④ 탄소나노튜브 기반 탄소섬유의 제조원가가 낮아지면 다양한 분야에서 요긴하게 활용될 수 있다.
⑤ 탄소나노튜브와 폴리이미드의 복합섬유에 고온 처리하면 높은 강도에 높은 탄성률을 가질 수 있다.

25 다음 글의 내용이 참일 경우, 반드시 **거짓**인 진술을 고르면?

> 채용 공고에서 4년제 대학 졸업 요건을 없애는 미국 기업들이 늘고 있다. 학력이 여전히 중요한 채용 요건이긴 하지만, 지원자가 가진 기술을 중심으로 채용하는 방식이 점차 증가하고 있는 것이다. 학력은 지원자의 소프트 스킬, 즉 의사소통 능력, 집중력, 협동심 등을 간접 확인할 수 있는 중요한 지표이지만 코로나 사태를 거치며 비대면 업무가 일반화되고, 코딩 등 실무 능력이 중요한 테크기업 중심으로 학력보다 실력을 기준으로 구직자를 선발하는 비중이 늘고 있다. 채용 과정에서 학력 철폐 사례가 늘어나는 원인 중 하나는 대학이 제공하는 교육과 기업에서 필요로 하는 능력의 불균형이 심해지기 때문이다. 기술을 습득하고 자신의 실력을 객관적으로 증명하고자 하는 수요가 늘어남에 따라 자격증, 온라인 교육, 구직 사이트 등에서도 그에 맞춘 공급을 하기 위한 기업들의 움직임이 활발하다.

① 학력은 채용 요건에서 전혀 영향을 미치지 않는다.
② 테크기업은 코딩 등 실무 능력을 학력보다 더 중요하게 여기는 기업이다.
③ 대학에서 학생들이 배우는 능력이 실무에 필요한 능력과 다르다고 생각하는 기업이 늘어나고 있다.
④ 채용 공고에서 대학 졸업 요건을 없애는 이유는 코로나 사태로 인해 비대면 업무가 일반화된 것도 하나의 이유이다.
⑤ 구직자들이 기술을 습득하고 자신의 실력을 키우기 위해 자격증이나 온라인 교육 등을 수강하는 사례가 늘어나고 있다.

26 다음 글의 내용이 참일 경우, 반드시 <u>거짓</u>인 진술을 고르면?

인플레이션과의 전쟁을 벌이는 전 세계 주요국 중앙은행이 역대급 적자에 시달리고 있다. 금리 상승기에 중앙은행이 손해를 입는 것은 불가피한 측면이 있다. 중앙은행은 보유 자산을 대부분 안전 자산인 국채로 보유한다. 그런데 금리가 오르면 국채 가격이 저렴해지면서 손해를 볼 수 있다. 스위스의 경우 여기에 환 손실까지 더해지면서 손실이 유난히 커졌다. 스위스 중앙은행이 보유한 채권 대부분이 유로로 표시되는데, 작년에 유로의 가치가 급락하면서 자국 화폐로 환산했을 때 막대한 환 손실이 발생한 것이다. 그런데 한국은행의 상황은 조금 다르다. 한국은행 역시 채권 가격 하락에 의한 손실이 발생했지만 한국은행이 보유한 자산은 대부분 미 국채임에 따라 작년 역대급 달러 강세로 오히려 환 차익이 생겼다.

① 국채는 금리가 오르면 그 가격이 하락한다.
② 금리를 인상하면 중앙은행은 손해를 볼 수밖에 없다.
③ 한국은행은 작년에 금리 인상으로 인해 환 차익이 생기지 않았다.
④ 한국은행은 대부분 미 국채를 가지고 있어서 달러의 오르내림에 영향을 받는다.
⑤ 스위스 중앙은행이 한국은행보다 손실이 큰 이유는 유로 가치가 급락했기 때문이다.

27 다음 글의 내용이 참일 경우, 반드시 <u>거짓</u>인 진술을 고르면?

흡연자들의 대표적인 새해 결심은 금연이다. 담배가 건강에 해롭다는 것을 알면서도 끊기란 쉽지 않기 때문에 결심 순위도 높고, 포기·실패 순위도 높은 게 금연이다. 금연의 성공은 하루에 피우는 담배의 수를 줄이는 것이 아니라 완전히 끊어야만 한다고 전문가들은 조언한다. 흡연을 오래 한 사람의 뇌는 니코틴에 중독돼 우울증 환자의 뇌 일부처럼 쪼그라들고 위축돼 있다. 뇌가 이런 상태가 되면 통제 능력이 떨어지는데, 약해진 통제 능력이 회복되려면 최소 3~6개월이 걸린다. 이 기간에 하루에 한 개비만 피워도 금연과는 멀어지게 되고, 주변에서 흡연을 하는 모습을 보는 것만으로도 흡연 욕구를 다시 불러일으킬 수 있다는 것이다. 한편 전문가들은 이 굴레가 반복되더라도 금연을 재시도하는 것은 중요하다고 말한다.

① 흡연을 하는 사람들도 담배가 건강에 해롭다는 것을 인지하고 있다.
② 흡연을 많이 하면 우울증 환자의 뇌 일부처럼 뇌가 팽창하고 커진다.
③ 오랫동안 흡연을 한 사람은 흡연을 안 한 사람보다 통제 능력이 떨어진다.
④ 금연을 결심했다가 담배를 다시 핀 경우라도 금연을 재시도하는 것이 좋다.
⑤ 금연을 성공하기 위해서는 금연 결심을 한 순간부터 담배를 완전히 끊어야 한다.

28 다음 글의 밑줄 친 부분에 대한 반론으로 적절하지 <u>않은</u> 것을 고르면?

> ChatGPT는 OpenAI가 개발한 프로토타입 대화형 인공지능 챗봇으로 이용자와 실시간으로 대화가 가능한 AI 서비스이다. 인간의 피드백을 통한 강화학습으로 훈련된 ChatGPT는 자연스러운 문체와 방대한 규모의 답변 능력으로 큰 관심을 모으고 있다. 특히 <u>검색 엔진의 관점으로 ChatGPT는 구글을 대신할 수 있다.</u> 우선 ChatGPT는 편리하다. 구글에서 사용자는 검색 결과를 일일이 훑어봐야 하는 불편함이 있다. 링크를 타고 들어가서 웹페이지 하나하나를 읽어야 하며 정보의 정확성, 유용성, 진위 등을 사용자가 수동으로 판단해야 한다. 반면 검색 결과를 스크립트로만 제시하는 ChatGPT는 사용자가 궁금해하는 질문에 최적의 답을 내놓아 사용자의 인지적 노력을 줄이고 편리함을 높인다. 또 ChatGPT는 사용자가 입력한 정보를 기억한 뒤 그에 따른 답변을 한다. 즉 사용자별 맞춤형 정보를 제공함으로써 개인에게 도움이 되는 서비스가 가능하다.

① ChatGPT는 인공지능 언어 모델 특성상 최신 정보 업데이트가 느릴 것이다.
② 구글 역시 검색의 개인화를 통해 사용자가 입력한 키워드에 대해 광고가 제공된다.
③ ChatGPT는 정보를 중앙 통제하는 구조이므로 알고리즘이 인위적으로 조작될 가능성이 있다.
④ ChatGPT는 검색 결과에 대해 스크립트로만 제시할 뿐 사진이나 영상 정보를 제공할 수 없다.
⑤ ChatGPT는 인간의 피드백을 통한 강화학습을 바탕으로 답변하므로 학습한 데이터가 부족할 경우, 잘못된 답변을 제공할 수 있다.

29 다음 글과 [보기]를 읽고 추론한 것 중 가장 적절한 것을 고르면?

코로나 기간 미국 저소득층은 순자산이 최근 1년 간 17% 증가했는데, 고소득층은 7% 넘게 감소했다. 특히 저소득층의 경우 순자산이 2019년 말 대비 42%가 늘어났다. 같은 기간 임금도 저소득층(7.4%)이 고소득층(4.8%)보다 인상 폭이 컸다. 저소득층 근로자들을 더 많이 고용하는 산업들의 인력난이 심해 당분간 이런 추세가 이어질 가능성이 높다는 분석이 나오고 있다.

┤ 보기 ├

미국의 경기가 생각만큼 크게 좋아지지는 않을 것으로 보인다. 이번 인플레이션은 이전의 인플레이션과 다르게 너무 강력하여 중앙은행이 금리를 쉽게 인하할 여지가 없으므로 고소득층의 입장에서는 이들의 자산이 감소한 상태에서 회복될 기미가 보이지 않게 되었다. 반면 저소득층은 경기 둔화의 영향을 상대적으로 덜 받았다. 소득이 줄어도 소비를 잘 줄이지 않는 고소득층의 소득은 크게 줄어드는 반면 소득이 줄었을 때 소비를 잘 줄이는 저소득층은 소득이 유지되는 것이다.

① 저소득층, 중산층 근로자들을 많이 고용하는 기업일수록 인력난이 약하다.
② 올해 미국의 경기 침체는 저소득층보다 고소득층에게 더 큰 타격을 입힐 것이다.
③ 올해 미국의 경기 침체는 소득의 불균형을 악화시켜 빈부격차를 심화시킬 것이다.
④ 코로나 기간 정부의 각종 보조금과 지원금이 고소득층에게 집중되어서 인플레가 야기되었다.
⑤ 이번 경기 침체는 고소득층인 투자자들의 소득은 빠르게 회복되는 반면, 저소득층의 소득 회복은 더딜 것이다.

30 다음 글과 [보기]를 읽고 추론한 것 중 가장 적절하지 <u>않은</u> 것을 고르면?

해양에 매장된 유기탄소 양의 분석 결과 전 세계적으로 유기탄소 매장량은 신생대 3기에 해당하는 마이오세 기간에 가장 많았는데 약 1,500만 년 전의 플라이오세 중기에는 매장량이 대폭 줄었다. 플라이오세 중기는 2,300만 년 지구의 역사 중 가장 따뜻했던 시기였는데 과학자들은 유기탄소 매장량이 대폭 줄은 이유를 온도 의존적인 박테리아 때문일 것으로 추정했다. 유기물을 분해하는 미생물의 대사활동은 온도가 10℃ 올라갈 때마다 두 배가량 증가하기 때문이다. 결국 온난화는 해양 유기탄소 매장을 줄이고, 동시에 대기로 반환되는 탄소의 양을 증가시킨다.

┤ 보기 ├

식물 플랑크톤은 햇빛이 닿는 바다 표층에 주로 서식하며, 광합성을 통해 바다 생물의 먹이인 유기탄소를 합성하고, 인류 호흡에 필요한 산소를 내놓는다. 지구온난화는 해양의 심층부보다 표층부 바닷물을 더 데우고 이러한 성층화는 표층수가 따뜻해지면서 밀도가 가벼워지게 되어 심층부의 풍부한 영양염이 표층부에 덜 도달한다. 이러한 이유로 지구온난화는 식물 플랑크톤 생산성을 감소시켜 기후에도 악영향을 줄 것으로 전망됐다. 하지만 최근 연구에서 표층부 수온 상승에도 불구하고 식물 플랑크톤 생산성은 증가한다는 결론을 내렸다. 바다 식물 플랑크톤이 기후변화에 적응하기 위해 신진대사 전략을 바꾼 것이다.

① 해양은 민감하게 지구의 기후 시스템에 반응한다.
② 지구온난화는 플랑크톤의 먹이를 줄여 그 생산성에 영향을 줄 것으로 예상되었다.
③ 기후변화로 인한 유기탄소의 매장량은 식물 플랑크톤의 증가로 더 줄어들 것이다.
④ 바다 식물 플랑크톤은 기후변화로부터 해양 생태계의 피해를 막는 방어막 역할을 할 것이다.
⑤ 식물 플랑크톤 생산성이 강화되면 바다 생물의 먹이와 인류에게 필요한 산소를 충분히 제공할 것이다.

GSAT
최최종 봉투모의고사

GSAT
최최종 봉투모의고사

| 2회 |

· 본 모의고사는 아래와 같은 형식으로 구성되어 있습니다.

구분	문항 수	시간	비고
수리논리	20문항	30분	객관식 오지선다형
추리	30문항	30분	

· 2020년 하반기부터 2022년 하반기 GSAT의 영역별 출제 비중은 다음과 같습니다.

수리논리		추리	
응용수리	2문항	명제	3문항
		조건추리	11문항
		도형추리	3문항
자료해석	18문항	도식추리	4문항
		어휘추리	2문항
		독해추론	7문항

최최종 봉투모의고사 2회

정답과 해설 P.15~28

수리논리 20문항 / 30분

01 K 업체는 A 제품과 B 제품만을 판매한다. 2월 두 제품 판매량의 합은 90개였는데 같은 해 3월에 A 제품의 판매량은 전월 대비 30% 감소, B 제품의 판매량은 전월 대비 20% 증가하여 3월 두 제품 판매량의 합은 2월의 판매량보다 2개 더 적었을 때, A 제품의 2월 판매량을 고르면?

① 34개　　　　② 36개　　　　③ 38개　　　　④ 40개　　　　⑤ 42개

02 20대 3명, 30대 4명, 40대 1명 중에서 임의로 3명을 뽑아 설문조사를 진행할 때, 40대 1명이 포함될 확률을 고르면?

① $\dfrac{1}{4}$　　　　② $\dfrac{3}{8}$　　　　③ $\dfrac{1}{2}$　　　　④ $\dfrac{5}{8}$　　　　⑤ $\dfrac{3}{4}$

[03~04] 다음은 연도별 S 기업의 매출 현황을 조사한 자료이다. 주어진 자료를 바탕으로 질문에 답하시오.

[그래프] 연도별 S 기업 매출 현황   (단위: 억 원)

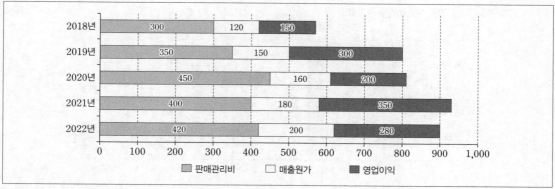

※ 1) (매출총이익)=(판매관리비)+(영업이익)
  2) (영업이익)=(매출액)−(매출원가)−(판매관리비)
  3) (영업이익률)(%)=$\frac{(영업이익)}{(매출액)}$×100

03 다음 설명 중 옳지 <u>않은</u> 것을 고르면?

① 제시된 기간 중 매출액은 2021년에 가장 크다.
② 2019년 이후 매출총이익은 매년 증가하였다.
③ 2022년 매출원가는 4년 전 대비 60% 이상 증가하였다.
④ 2021년 매출총이익은 2년 전 대비 100억 원 증가하였다.
⑤ 제시된 기간 중 판매관리비가 가장 많은 해의 매출액은 800억 원 이상이다.

04 주어진 자료에 대한 [보기]의 설명 중 옳은 것을 모두 고르면?

┌─ 보기 ┐
  ㉠ 2019년 영업이익률은 40% 미만이다.
  ㉡ 2021년 영업이익률은 40% 이상이다.
  ㉢ 2019년 이후 매출원가는 전년 대비 매년 증가하였다.
  ㉣ 제시된 기간 중 영업이익이 최대인 해는 2019년이다.
└──────────────────────────────────────┘

① ㉠, ㉢   ② ㉠, ㉣   ③ ㉡, ㉢
④ ㉠, ㉡, ㉣   ⑤ ㉡, ㉢, ㉣

05 다음은 지역별 일일 생활폐기물 총발생량 및 재활용 분리배출 비율을 조사한 자료이다. 주어진 자료에 대한 설명 중 옳지 <u>않은</u> 것을 고르면?

[그래프] 지역별 일일 생활폐기물 총발생량 (단위: t)

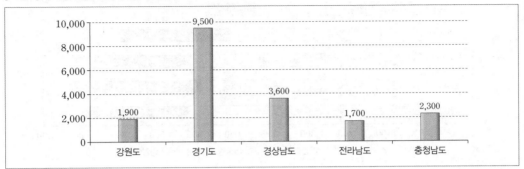

[그래프] 지역별 일일 생활폐기물 총발생량 중 재활용 분리배출 비율 (단위: %)

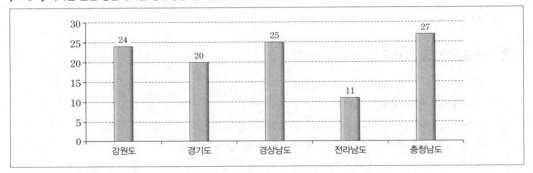

① 전라남도에서 재활용 분리배출한 일일 생활폐기물은 187t이다.
② 경기도의 일일 생활폐기물 총발생량은 충청남도의 4배 이상이다.
③ 경상남도와 전라남도의 일일 생활폐기물 총발생량 평균은 2,750t이다.
④ 제시된 지역에서 일일 생활폐기물 총발생량과 재활용 분리배출 비율은 비례하지 않는다.
⑤ 일일 생활폐기물 총발생량 중 재활용 분리배출 비율이 가장 높은 지역과 가장 낮은 지역의 비율 차는 16%P이다.

06 다음은 A 국가의 연도별 화재 발생 현황을 조사하여 나타낸 자료이다. 주어진 자료에 대한 설명 중 옳은 것을 고르면?

[표] 연도별 화재 발생 현황 (단위: 건, 명)

구분	전체 화재 건수	전기 화재		
		건수	사망자 수	부상자 수
2016년	42,000	7,350	25	280
2017년	40,000	6,960	30	250
2018년	38,000	6,840	28	245
2019년	40,500	6,480	20	300
2020년	41,400	7,245	35	315

① 2020년 전기 화재 건수는 3년 전 대비 300건 이상 증가하였다.
② 2020년 전기 화재 사망자 수는 전년 대비 60% 증가하였다.
③ 제시된 기간 중 전기 화재 사망자 수 대비 부상자 수가 가장 큰 해는 2019년이다.
④ 2017년부터 2018년까지 전기 화재 사망자와 부상자 수는 전년 대비 매년 감소하였다.
⑤ 2016년 전체 화재 건수 중 전기 화재 건수가 차지하는 비중은 20% 이상이다.

07 다음은 연도별 제품 A~E의 판매량과 제품별 개당 가격을 조사한 자료이다. 주어진 자료에 대한 설명 중 옳은 것을 고르면?(단, 제품별 개당 가격은 매년 동일하다.)

[그래프] 연도별 제품 판매량 (단위: 천 개)

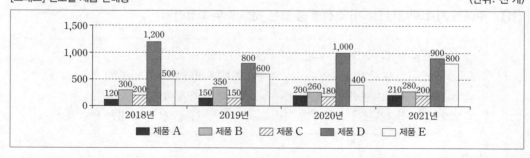

[표] 제품별 개당 가격 (단위: 원)

구분	제품 A	제품 B	제품 C	제품 D	제품 E
가격	2,000	1,500	1,800	300	500

※ (매출액)=(판매량)×(개당 제품 가격)

① 2021년 제품 E의 매출액은 4천만 원이다.
② 2020년 제품 C의 매출액은 제품 D의 매출액보다 크다.
③ 2019년 제품 A~E의 총판매량은 200만 개 미만이다.
④ 제시된 기간의 총판매량이 가장 적은 제품은 C이다.
⑤ 2019년 제품 D의 판매량은 전년 대비 30% 감소하였다.

[08~09] 다음은 연도별 G 국가의 수출입액과 2020년 및 2021년 수입품목별 비중을 조사한 자료이다. 주어진 자료를 바탕으로 질문에 답하시오.

[그래프] 연도별 G 국가의 수출입액 현황 (단위: 천억 원)

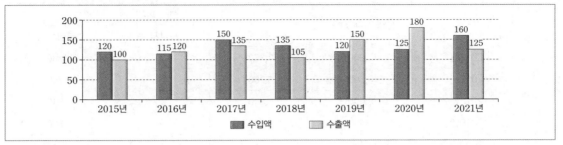

※ 1) (무역수지)=(수출액)−(수입액)
   2) 무역수지가 양수(+)이면 흑자이고, 음수(−)이면 적자임

[그래프] 2020년 수입품목별 비중 (단위: %)

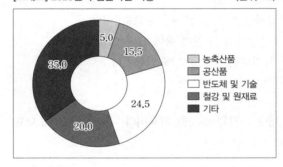

[그래프] 2021년 수입품목별 비중 (단위: %)

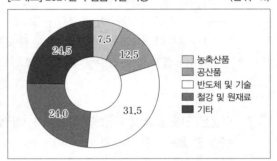

08 주어진 자료에 대한 [보기]의 설명 중 옳은 것을 모두 고르면?

┤ 보기 ├
㉠ 2020년 수출액은 2017년 대비 30% 이상 증가하였다.
㉡ 2015년 이후 G 국가의 무역수지는 흑자인 해보다 적자인 해가 더 많다.
㉢ 2017년부터 2021년까지 수입액 평균은 150천억 원 이상이다.
㉣ 2021년 수입품목에서 반도체 및 기술이 차지하는 비중은 전년 대비 7%P 증가하였다.

① ㉠, ㉡   ② ㉠, ㉢   ③ ㉢, ㉣
④ ㉠, ㉡, ㉣   ⑤ ㉡, ㉢, ㉣

09 다음 설명 중 옳지 <u>않은</u> 것을 고르면?

① 2021년 공산품 수입액은 20천억 원이다.

② 2020년 철강 및 원재료 수입액은 3조 원 미만이다.

③ 2021년 수입 비중이 가장 큰 품목은 반도체 및 기술이다.

④ 2021년 수입 비중은 기타 항목이 농축산품의 3배 미만이다.

⑤ 제시된 기간 중 수출액이 최대인 해에 수입액은 15조 원 미만이다.

10 다음은 2014년부터 2020년까지 어느 지역의 교통사고 부상자 수를 조사한 자료이다. 주어진 자료에 대한 [보기]의 설명 중 옳은 것을 모두 고르면?

[그래프] 연도별 교통사고 부상자 수 (단위: 명)

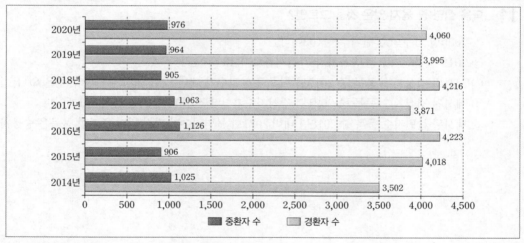

※ 교통사고 부상자는 중환자와 경환자로만 구분함

┌ 보기 ├─
ㄱ 2020년 경환자 수는 중환자 수의 4배 이상이다.
ㄴ 교통사고 부상자 수가 가장 많은 해는 2016년이다.
ㄷ 2016년 중환자 수는 전년 대비 220명 증가하였다.
ㄹ 제시된 기간 중 경환자 수가 최대인 해는 2018년이다.

① ㄱ, ㄴ, ㄷ   ② ㄱ, ㄴ, ㄹ   ③ ㄱ, ㄷ, ㄹ

④ ㄴ, ㄷ, ㄹ   ⑤ ㄱ, ㄴ, ㄷ, ㄹ

[11~12] 다음은 2018~2021년 품목별 판매액 경상지수와 불변지수를 조사한 자료이다. 주어진 자료를 바탕으로 질문에 답하시오.

[표] 2018~2021년 품목별 판매액 경상지수와 불변지수

구분		2018년	2019년	2020년	2021년
경상지수	음식료품	110	110	130	140
	가구	140	140	160	180
	의복	90	100	100	100
	취미용품	110	120	150	160
	화장품	110	110	90	100
불변지수	승용차	150	160	150	200
	가전제품	110	120	130	130
	통신기기 및 컴퓨터	90	100	90	100

※ (불변지수)=(경상지수)×1.2

11 다음 설명 중 옳지 않은 것을 고르면?

① 2020년 가구의 불변지수는 192이다.
② 2019년 불변지수는 승용차가 가전제품보다 40 더 높다.
③ 제시된 경상지수 품목 중 2019년 이후 경상지수가 매년 전년 대비 증가한 품목은 없다.
④ 제시된 경상지수 품목 중 2021년 경상지수가 3년 전 대비 감소한 품목은 1개이다.
⑤ 제시된 불변지수 품목 중 2018년 대비 2021년 불변지수가 가장 많이 증가한 품목은 승용차이다.

12 주어진 자료에 대한 [보기]의 설명 중 옳은 것을 모두 고르면?

┌─ 보기 ├───
│ ⊙ 2020년 취미용품의 불변지수는 190이다.
│ ⊙ 2021년 불변지수는 가전제품이 의복보다 18 더 높다.
│ ⊙ 2018년부터 2021년까지 승용차의 불변지수 평균은 165이다.
│ ⊙ 2020년 통신기기 및 컴퓨터의 불변지수는 전년 대비 10% 감소하였다.
└──

① ㉠, ㉡   ② ㉠, ㉢   ③ ㉡, ㉢
④ ㉡, ㉣   ⑤ ㉢, ㉣

13 다음은 연도별 종교 A~C의 신자 수 비율을 조사한 자료이다. 주어진 자료에 대한 설명 중 옳은 것을 고르면?

[표] 종교 A~C의 신자 수 비율 (단위: %)

구분	2015년	2016년	2017년	2018년	2019년	2020년
A	10.5	11.0	10.9	11.5	12.1	11.8
B	20.3	19.5	19.4	20.8	19.7	18.8
C	15.2	13.8	14.5	14.6	15.1	13.9

① 2016년 이후 종교 B의 신자 수 비율은 매년 감소했다.
② 2019년 신자 수 비율은 종교 A가 종교 C보다 3% 더 작다.
③ 2016년 종교 A의 신자 수 비율은 전년 대비 10% 이상 증가하였다.
④ 제시된 기간 중 종교 C의 신자 수 비율이 15% 이상인 해는 3개 이상이다.
⑤ 제시된 기간에 연도별 세 종교의 신자 수 비율이 높은 순위는 매년 일정하다.

14 다음은 2022년 4/4분기 6개 광역시의 인구수와 주택 수를 조사한 자료이다. 주어진 자료에 대한 설명 중 옳은 것을 고르면?(단, 주어진 자료의 수치는 반올림한 값이다.)

[그래프] 2022년 4/4분기 광역시의 인구수와 주택 수 현황 (단위: 천 명, 천 호)

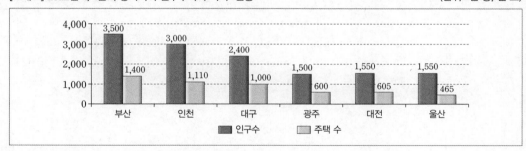

① 대구의 인구 1명당 주택 수는 0.5호 미만이다.
② 인천의 인구 1명당 주택 수는 0.4호 이상이다.
③ 주택 수는 대전이 울산보다 140호 더 많다.
④ 제시된 지역은 주택 수가 많을수록 인구수도 많다.
⑤ 제시된 지역 중 인구수가 가장 적은 지역은 울산이다.

[15~16] 다음은 2017~2021년 주요 도시별 자전거 전용도로 길이와 주차장 개수를 조사한 자료이다. 주어진 자료를 바탕으로 질문에 답하시오.

[표] 2017~2021년 주요 도시별 자전거 전용도로 길이 (단위: km)

구분	2017년	2018년	2019년	2020년	2021년
서울특별시	114	143	148	182	180
부산광역시	49	51	48	42	45
대구광역시	113	118	122	119	116
인천광역시	196	220	252	268	260
광주광역시	108	110	128	130	126
대전광역시	76	120	123	126	140
울산광역시	66	124	128	132	125

[표] 2017~2021년 주요 도시별 자전거 주차장 개수 (단위: 개소)

구분	2017년	2018년	2019년	2020년	2021년
서울특별시	5,200	5,230	5,280	4,850	4,800
부산광역시	1,170	1,000	1,150	1,030	1,080
대구광역시	1,500	1,620	1,600	1,510	1,540
인천광역시	360	550	530	1,720	1,120
광주광역시	2,550	1,560	1,520	1,710	1,750
대전광역시	760	790	750	760	820
울산광역시	900	370	360	380	240

15 다음 설명 중 옳지 <u>않은</u> 것을 고르면?

① 2019년 자전거 주차장 개수는 대구광역시가 인천광역시보다 1,070개소 더 많다.

② 2021년 자전거 주차장 개수가 전년 대비 가장 많이 증가한 도시는 부산광역시이다.

③ 주요 도시 중 매년 자전거 전용도로의 길이가 증가한 도시는 대전광역시가 유일하다.

④ 2018년 자전거 전용도로 길이가 전년 대비 가장 많이 증가한 도시는 울산광역시이다.

⑤ 주요 도시 중 2017년 자전거 주차장 개수가 가장 많은 도시의 자전거 전용도로 길이는 100km 이상이다.

16 주어진 자료에 대한 [보기]의 설명 중 옳은 것을 고르면?

┤ 보기 ├
┌───┐
│ ⓐ 2021년 부산광역시의 자전거 전용도로 1km당 자전거 주차장 개수는 20개소 이상이다. │
│ ⓑ 2021년 모든 주요 도시의 자전거 전용도로 길이는 4년 전 대비 증가했다.   │
│ ⓒ 2021년 인천광역시의 자전거 주차장의 개수는 2017년 대비 3배 이상으로 증가했다. │
│ ⓓ 주요 도시 중 자전거 주차장 개수가 많은 상위 3개 도시의 순위는 매년 변하지 않는다. │
└───┘

① ㉠, ㉡   ② ㉠, ㉢   ③ ㉡, ㉢
④ ㉡, ㉢   ⑤ ㉢, ㉣

17 다음은 OECD 초미세먼지 농도 상위 5개국의 초미세먼지 농도와 OECD 초미세먼지 노출 인구 비중 상위 5개국의 초미세먼지 노출 인구 비중을 조사한 자료이다. 주어진 자료에 대한 설명 중 옳지 <u>않은</u> 것을 고르면?

[그래프] 초미세먼지 농도   (단위: $\mu g/m^3$)

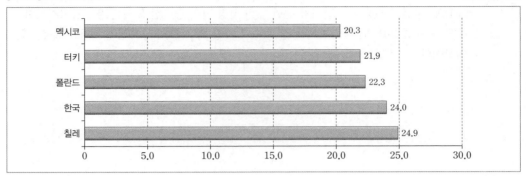

[그래프] 초미세먼지 노출 인구 비중   (단위: %)

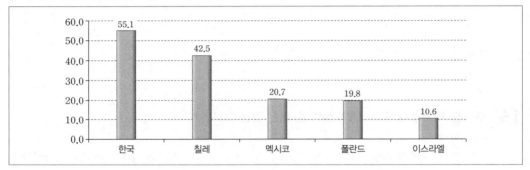

① 초미세먼지 농도는 칠레가 멕시코보다 $20\mu g/m^3$ 이상 더 높다.
② 초미세먼지 노출 인구 비중은 한국이 이스라엘의 5배 이상이다.
③ 초미세먼지 농도와 노출 인구 비중이 모두 상위 5개국에 속하는 나라는 4개국이다.
④ OECD 초미세먼지 농도 상위 5개국의 초미세먼지 농도 평균은 $20\mu g/m^3$ 이상이다.
⑤ 초미세먼지 농도가 더 높은 나라이더라도 초미세먼지 노출 인구 비중은 더 낮을 수 있다.

18 다음은 3번의 실험에서 T 세포의 초기 개체 수와 월별 증식 개체 수를 조사한 자료이다. 주어진 자료를 바탕으로 빈칸에 해당하는 값을 예측했을 때, 가장 적절한 것을 고르면?

[표] T 세포의 초기 개체 수 및 월별 증식 개체 수

(단위: 마리)

구분	1차 실험	2차 실험	3차 실험
초기 개체 수	12	8	(㉠)
월별 증식 개체 수	24	(㉡)	19

※ (월별 증식 개체 수)$=\dfrac{30+(\text{초기 개체 수})}{a}+3$

	㉠	㉡
①	1	21
②	1	22
③	1	23
④	2	22
⑤	2	23

19 다음은 연령대별 주간 알코올 섭취량을 조사한 자료이다. 주어진 자료를 바탕으로 그래프를 작성하였을 때, 적절하지 <u>않은</u> 것을 고르면?(단, 연령대별로 조사한 남성과 여성의 수는 같다.)

[표] 연령대별 주간 알코올 섭취량 (단위: g)

구분	2010년		2020년	
	남성	여성	남성	여성
20대	180	120	240	150
30대	220	200	260	210
40대	250	120	270	160
50대	230	100	230	120
평균	220	135	250	160

① 평균 알코올 섭취량 (단위: g)

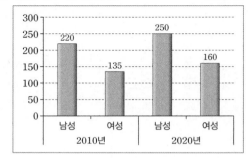

② 30대 남성 및 여성 알코올 섭취량 (단위: g)

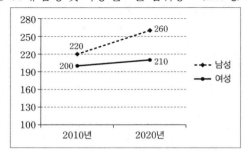

③ 2020년 20대 남성 및 여성의 2010년 대비 알코올 섭취량 증가율 (단위: %)

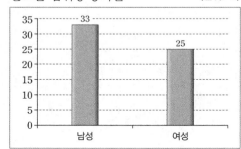

④ 2020년 연령대별 평균 알코올 섭취량 (단위: g)

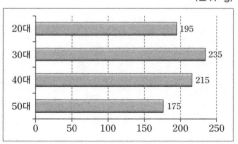

⑤ 2020년 30대 남성 및 여성의 2010년 대비 알코올 섭취량 증가율 (단위: %)

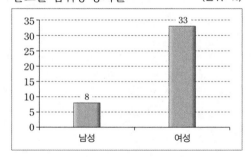

20 다음은 어느 가수의 CD와 LP의 음반 판매량을 조사한 자료이다. CD와 LP의 음반 판매량이 매달 일정한 규칙에 따라 변화할 때, CD와 LP의 음반 판매량 합이 처음으로 100,000장을 초과하는 시기를 고르면?

[표] 2022년 3~7월 CD와 LP의 음반 판매량
(단위: 장)

구분	3월	4월	5월	6월	7월
CD	16,000	22,000	28,000	34,000	40,000
LP	7,000	9,000	11,000	13,000	15,000

① 2022년 11월   ② 2022년 12월   ③ 2023년 1월
④ 2023년 2월   ⑤ 2023년 3월

01 다음 전제를 보고 항상 참인 결론을 고르면?

전제1	꽃은 향기롭다.
전제2	어떤 꽃은 시들지 않는다.
결론	

① 시드는 모든 꽃은 향기롭다.
② 시들지 않는 어떤 꽃은 향기롭다.
③ 향기로운 모든 꽃은 언젠가 시든다.
④ 향기롭지 않은 모든 꽃은 언젠가 시든다.
⑤ 향기롭지 않은 어떤 꽃은 시들지 않는다.

02 다음 전제를 보고 항상 참인 결론을 고르면?

전제1	피아노를 연주하는 사람은 악보를 보지 않는다.
전제2	노래를 잘 부르는 사람 중에 피아노를 연주하는 사람이 있다.
결론	

① 노래를 잘 부르는 어떤 사람은 악보를 본다.
② 악보를 보지 않는 사람은 모두 노래를 잘 부른다.
③ 악보를 보지 않는 어떤 사람은 노래를 잘 부른다.
④ 노래를 잘 부르는 사람은 모두 악보를 보지 않는다.
⑤ 악보를 보지 않는 어떤 사람은 노래를 잘 부르지 못한다.

03 다음 결론이 반드시 참이 되게 하는 전제를 고르면?

전제1	예민한 어떤 사람은 꽃을 좋아한다.
전제2	
결론	향수를 좋아하는 어떤 사람은 꽃을 좋아한다.

① 향수를 좋아하지 않는 사람은 모두 예민하지 않다.
② 예민한 사람은 모두 향수를 좋아하지 않는다.
③ 향수를 좋아하는 어떤 사람은 예민하지 않다.
④ 향수를 좋아하는 사람은 모두 예민하다.
⑤ 예민하지 않은 사람은 모두 향수를 좋아하지 않는다.

04 어느 회사 신입사원 채용에서 A~E의 5명이 최종 합격하였다. 주어진 [조건]을 바탕으로 항상 옳지 <u>않은</u> 것을 고르면?

┤ 조건 ├
- A~E의 5명은 각각 총무팀, 자재팀, 구매팀, 설비팀, 개발팀에 한 명씩 배정된다.
- A는 자재팀, 구매팀에 배정된 사람들보다 나중에 면접을 보았다.
- 다섯 명 중 B보다 먼저 면접을 본 사람은 총무팀에 배정된 E뿐이다.
- C는 다섯 명 중 세 번째로 면접을 보았고, 구매팀에 배정되었다.

① B는 개발팀에 배정되었다.
② D는 설비팀에 배정되었다.
③ 가능한 경우의 수는 4가지이다.
④ 마지막에 면접을 본 사람은 D이다.
⑤ 네 번째로 면접을 본 사람은 A이다.

05 어느 회사에서는 구로구, 관악구, 금천구, 동작구에 있는 대리점을 대상으로 한 곳씩 순서대로 방문하여 감사를 진행하고 있다. 주어진 [조건]을 바탕으로 항상 옳은 것을 고르면?

┤ 조건 ├
- 각 구의 대리점은 구로구(A, B), 관악구(C, D), 금천구(E, F), 동작구(G, H, I) 총 9곳이다.
- 여섯 번째로 G를 방문한다.
- B 바로 다음에 D를 방문한다.
- 금천구는 연달아 방문한다.
- I는 F 바로 다음에 방문한다.
- 가장 처음과 가장 마지막에 동작구를 방문한다.
- C는 구로구보다 먼저 방문한다.

① H는 가장 마지막에 방문한다.
② 가능한 경우의 수는 1가지이다.
③ 세 번째로 방문하는 곳은 구로구다.
④ 두 번째로 방문하는 곳은 금천구이다.
⑤ 관악구 중 가장 먼저 방문하는 곳은 D이다.

06 영수는 월요일부터 일요일까지 3일을 선택하여 오전 또는 오후에 운동을 하기로 했다. 주어진 [조건]을 바탕으로 영수가 운동을 시작한 첫 주 월요일부터 일요일까지 운동을 한 날과 시간대를 고르면?

┤ 조건 ├
- 하루에 오전 또는 오후 중 하나의 시간대를 선택해서 운동을 한다.
- 영수는 월요일, 토요일, 일요일에 약속이 있어서 운동을 못했다.
- 영수는 금요일 오후에 운동을 했다.
- 영수는 금요일을 제외한 나머지 날 오후에 운동을 못했다.
- 이틀 연속으로 같은 시간대에 운동한 날이 있으며, 사흘 연속으로 운동한 날은 없다.

① 월요일 오전, 화요일 오후, 금요일 오후
② 화요일 오전, 화요일 오후, 금요일 오후
③ 화요일 오전, 수요일 오전, 금요일 오후
④ 월요일 오전, 화요일 오전, 금요일 오후
⑤ 목요일 오후, 금요일 오후, 월요일 오전

07 프로야구팀인 A~D팀은 겨울 동안 미국의 같은 지역으로 전지훈련을 떠났다. 4개 팀은 월요일부터 금요일까지 동부, 서부, 남부, 북부 경기장에서 연습을 하게 된다. 주어진 [조건]을 바탕으로 항상 옳지 <u>않은</u> 것을 고르면?

┤ 조건 ├
- 각 경기장에는 한 팀씩 연습하며, 연습을 하지 않는 팀은 없다.
- 모든 팀은 모든 경기장에서 적어도 한 번 이상 연습을 한다.
- B~D팀의 첫 훈련은 북부 경기장을 제외한 경기장이다.
- 각 팀은 한 번씩 경기장 한 곳을 두 번 연속으로 사용한다.
- D팀은 월요일과 화요일에 서부 경기장에서 연습을 한다.
- 목요일에 남부 경기장에서는 A~C팀이 연습을 할 수 없다.
- 금요일에 C팀은 동부 경기장에서, D팀은 북부 경기장에서 연습을 한다.
- A팀은 남부 경기장에서 연속으로 연습을 한다.

① 수요일에 북부 경기장에서는 B팀이 연습을 한다.
② D팀과 B팀은 한 곳을 연속으로 사용하는 날이 같다.
③ A팀은 화요일, 수요일에 같은 경기장에서 연습을 한다.
④ 북부 경기장에서는 A팀, C팀, B팀, D팀의 순서로 연습을 한다.
⑤ 목요일, 금요일에 연속으로 같은 경기장에서 연습하는 팀은 없다.

08 ○○기관은 직원 5명(A~E)에 대하여 민원인 평가 결과를 바탕으로 결과 등급이 가장 낮은 2명에게 특별교육 참여 안내문을 발송하고자 한다. 주어진 [조건]을 바탕으로 안내문 발송 대상자를 모두 고르면?

┤ 조건 ├
- 5명은 결과 등급을 1~5등급 중 하나를 받았으며, 받은 결과 등급은 모두 다르다.
- 등급은 1등급부터 5등급 순으로 높다.
- E보다 결과 등급이 높은 직원은 2명 이상이다.
- E는 결과 등급이 C보다 한 등급 높다.
- B는 결과 등급이 D보다 한 등급 높다.
- A보다 결과 등급이 낮은 직원은 2명이다.

① B, C   ② B, D   ③ B, E
④ C, D   ⑤ C, E

09 A~C가 주사위를 던져 나온 눈의 수만큼 점수를 획득할 때, 주어진 [조건]을 바탕으로 항상 옳지 **않은** 것을 고르면?(단, 주사위의 눈은 1부터 6까지 있다.)

┤ 조건 ├
- 세 사람이 주사위를 던진 횟수는 총 10회이다.
- 세 사람이 획득한 점수는 47점이다.
- A가 가장 많은 횟수를 던졌다.
- B가 얻은 점수는 16점이다.
- C가 얻은 점수는 18점이다.

① C는 6이 나온 적이 있다.
② A는 주사위를 네 번 던졌다.
③ B가 4점을 얻었다면, 동시에 5점을 얻지는 못했다.
④ B가 주사위를 던져서 얻은 주사위 눈의 수는 모두 짝수다.
⑤ A가 주사위를 던져서 얻은 주사위 눈의 수 중 가장 작은 수는 3이다.

10 A~E가 순서대로 퀴즈게임을 해서 벌칙 받을 사람 1명을 선정하고자 한다. 주어진 [조건]을 바탕으로 항상 옳은 것을 고르면?

┤ 조건 ├
- A → B → C → D → E 순서대로 퀴즈를 1개씩 풀고, 모두 한 번씩 퀴즈를 풀면 한 라운드가 끝난다.
- 퀴즈를 2개 맞힌 사람은 벌칙에서 제외되고, 다음 라운드부터는 퀴즈에 참여하지 않는다.
- 벌칙에서 제외된 사람이 4명이 되는 순간 퀴즈는 종료된다.
- 3라운드에서 A는 참가자 중 처음으로 벌칙에서 제외되었으며, 다른 사람은 벌칙에서 제외되지 않았다.
- 4라운드에서는 B만 벌칙에서 제외되었다.
- 벌칙을 받을 사람은 5라운드에서 결정되었다.

① C는 5라운드에서 벌칙이 제외되었다.
② D가 벌칙에서 제외되었다면, C도 벌칙에서 제외되었다.
③ 5라운드까지 참가자들이 정답을 맞힌 퀴즈는 총 9개이다.
④ 게임이 종료될 때까지 총 21개의 퀴즈가 출제되었다면, D가 벌칙을 받았다.
⑤ 게임이 종료될 때까지 총 22개의 퀴즈가 출제되었다면, E는 5라운드에서 퀴즈의 정답을 맞혔다.

11 A~C 세 투자자는 각각 펀드, 주식, 채권 중 하나의 유가증권에 투자하고 있으며, 이들 유가증권의 이름은 부국, 대한, 홍익 중 하나다. 주어진 [조건]을 바탕으로 투자자, 유가증권의 이름 및 종목이 올바르게 짝지어진 것을 고르면?

┤ 조건 ├
• 세 투자자가 투자한 유가증권의 이름과 종목은 서로 모두 다르다.
• 유가증권의 종목에서 투자금액이 큰 순서는 주식, 채권, 펀드 순이다.
• B가 투자한 유가증권의 종목은 주식이며, 이름은 홍익이다.
• C가 투자한 '대한'의 투자금액은 채권보다 적다.

① A − 대한 − 채권
② A − 부국 − 펀드
③ B − 대한 − 주식
④ C − 홍익 − 주식
⑤ C − 대한 − 펀드

12 홍보팀은 회의를 통하여 직원 A~F 중 하반기에 휴가를 갈 직원을 결정하고자 한다. 주어진 [조건]을 바탕으로 항상 옳은 것을 고르면?

┤ 조건 ├
• A가 휴가를 가면 B가 휴가를 간다.
• A 또는 B는 휴가를 가지 않는다.
• D가 휴가를 가면 F가 휴가를 간다.
• B가 휴가를 가면 C가 휴가를 간다.
• D와 E는 휴가를 간다.

① B는 휴가를 간다.
② C는 휴가를 간다.
③ A는 휴가를 가지 않는다.
④ 모든 직원이 휴가를 간다.
⑤ F는 휴가를 가는지 알 수 없다.

13 S사의 직원 A~E 5명이 자신들의 사무실 위치를 말하고 있다. 이들은 각각 1~5층 중 서로 다른 한 층에서 근무하며, 5명 중 1명만 진실을 말하고 나머지 사람들은 모두 거짓을 말할 때, 주어진 [대화]를 바탕으로 진실을 말한 사람을 고르면?(단, 거짓을 말한 사람의 말은 모두 거짓이다.)

┤ 대화 ├
- A: 저는 1층에서 근무하고, D는 1층보다 높은 층에서 근무합니다.
- B: E는 4층에서 근무하고, 저는 4층보다 낮은 층에서 근무합니다.
- C: A는 3층에서 근무하지 않습니다.
- D: E보다 높은 층에서 근무하는 사람은 없습니다.
- E: C는 5층에서 근무하고, B는 1층에서 근무합니다.

① A   ② B   ③ C   ④ D   ⑤ E

14 노선이 같은 버스 5대(A~E)가 순서대로 운행하고 있는데, 출발 후 한 시간이 지난 시점에 5대의 버스 사이의 거리가 주어진 [조건]과 같을 때, 항상 옳은 것을 고르면?(단, 두 버스 사이의 거리는 0km 일 수 있다.)

┤ 조건 ├
- D는 C보다 3km 앞에서 운행하고 있다.
- E는 D보다 5km 뒤에서 운행하고 있다.
- A는 C보다 5km 앞에서 운행하고 있다.
- B는 D보다 뒤에서 운행하고 있다.
- 가장 앞선 버스와 가장 뒤에 있는 버스와의 거리는 10km를 초과하여 떨어지지 않는다.

① A는 E보다 뒤에서 운행하고 있다.
② E는 C보다 앞에서 운행하고 있다.
③ A는 D보다 3km 앞에서 운행하고 있다.
④ B가 C보다 앞에서 운행하고 있다면, B와 D의 거리는 2km 이내이다.
⑤ B가 가장 뒤에서 운행하고 있다면, E는 B보다 최대 3km 앞에서 운행하고 있다.

15 다음에 주어진 도형을 보고 적용된 규칙을 찾아 '?'에 해당하는 적절한 도형을 고르면?

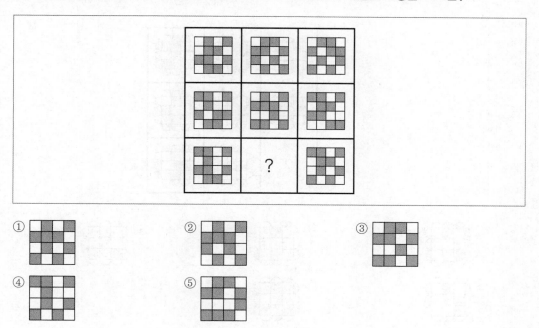

16 다음에 주어진 도형을 보고 적용된 규칙을 찾아 '?'에 해당하는 적절한 도형을 고르면?

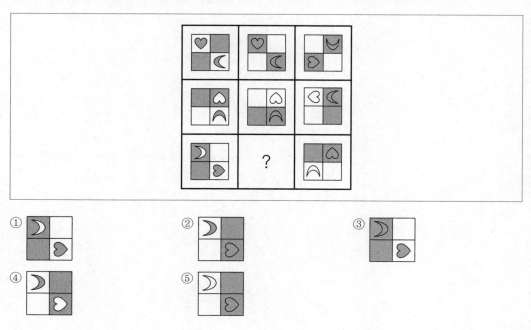

17 다음에 주어진 도형을 보고 적용된 규칙을 찾아 '?'에 해당하는 적절한 도형을 고르면?

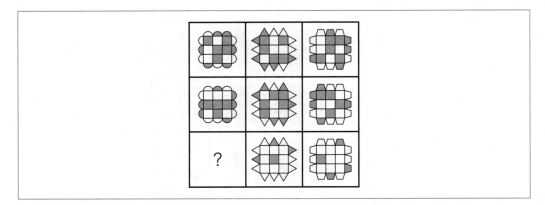

①   ②   ③

④   ⑤

[18~21] 기호들이 하나의 규칙을 가지고 아래와 같이 문자나 숫자를 변화시킨다고 한다. 이때 다음 (?)에 들어갈 알맞은 것을 고르시오.(단, 가로와 세로 중 한 방향으로만 이동하며, Z 다음은 A, 9 다음은 0이다.)

```
            ZN83            PWAX            Q4O7
              ↓               ↓               ↓
JLSE  →       ☆      →       ♤      →       ☆      →   MIFR
              ↓               ↓               ↓
            38ZN             △               △
                             ↓               ↓
                           RXAA              ○
                                             ↓
                                           Q6R8
```

18

MUSE → ○ → △ → (?)

① VGTO　　　　② FTNV　　　　③ VFTN
④ FUNW　　　　⑤ VDTL

19

1746 → △ → ♤ → ○ → (?)

① 9852　　　　② 8943　　　　③ 8925
④ 9861　　　　⑤ 9438

20

(?) → ○ → ☆ → 5D9N

① 95ND　　　　② 9ND5　　　　③ 5D9N
④ 59ND　　　　⑤ 59DN

21

(?) → ♤ → △ → ☆ → KW27

① 5J2T　　　　② 24UJ　　　　③ 06WH
④ 7H0V　　　　⑤ 7K2W

22 다음 단어 쌍의 관계가 동일하도록 괄호 안에 들어갈 알맞은 단어를 고르면?

취식하다 : 섭취하다 = 탑승하다 : ( )

① 환승하다   ② 하차하다   ③ 상승하다
④ 승차하다   ⑤ 추락하다

23 다음 중 단어 쌍의 관계가 나머지와 <u>다른</u> 것을 고르면?

① 구전 – 구승
② 결백 – 청렴
③ 대접 – 대우
④ 고함 – 함성
⑤ 야간 – 주간

24 다음 글의 내용이 참일 경우, 반드시 <u>거짓</u>인 진술을 고르면?

> 삼성전자는 게이트 올 어라운드(GAA)라고 불리는 트랜지스터 설계의 기술을 향상했다. 기존의 핀펫 설계에서는 트랜지스터 내부의 실리콘 채널이 3면만 게이트 재료로 덮이게 되어 있는데, GAA 기술을 사용하면 내부의 실리콘 채널이 게이트 재료로 완전히 둘러싸이게 된다. 이로 인해 트랜지스터의 사이즈를 축소하는 것이 가능하고, 트랜지스터 용량을 증가시킬 수 있는 더 높은 채널 길이를 확장하는 것이 가능하다. 실제로 GAA 기술을 이용하면 기술 산업 전반에서 몇 세대에 걸친 공정 기술 개선을 기대할 수 있다. 기술적 측면에서 트랜지스터의 축소가 계속됨에 따라 전압 스케일링은 극복해야 할 가장 어려운 문제로 꼽히고 있다. GAA 기술을 사용한 새로운 설계 접근 방식은 이러한 문제를 해결할 수 있다. 즉, 전압 스케일링으로 인한 소비 전력을 줄이면서도 성능은 향상시킬 수 있는 것이다.

① GAA 기술은 기술 산업 전반에서 공정 기술 개선을 기대할 수 있다.
② 핀펫 설계에서는 트랜지스터 내부의 실리콘 채널이 3면만 게이트 재료로 덮인다.
③ GAA 기술은 트랜지스터 용량을 증가시킬 수 있지만 트랜지스터의 사이즈는 줄이기 어렵다.
④ 트랜지스터 내부의 실리콘 채널은 GAA 기술을 통해 게이트 재료로 완전히 둘러싸이게 된다.
⑤ GAA 기술을 사용하면 전압 스케일링으로 인한 소비 전력은 줄이고 성능은 향상할 수 있다.

25 다음 글의 내용이 참일 경우, 반드시 <u>거짓</u>인 진술을 고르면?

> 현미경은 일반적으로 광학 현미경과 전자 현미경으로 나뉜다. 이 외에도 여러 종류의 현미경이 있지만, 기본이 되는 구조와 원리를 가지고 있는 현미경은 광학 현미경과 전자 현미경이다. 광학 현미경은 빛 중에서 우리 눈에 보이는 가시광선을 이용하며, 전자 현미경은 전자빔을 이용하여 물체를 관찰하는 현미경이다. 광학 현미경은 빛이 렌즈를 통과하면서 굴절하는 성질을 이용하는데, 여기에 사용되는 접안렌즈와 대물렌즈는 모두 볼록렌즈이다. 볼록렌즈는 가까이에 있는 물체를 확대해서 보여주는 성질을 가지고 있어, 광학 현미경에서는 볼록렌즈를 이용하는데, 접안렌즈와 대물렌즈는 위치와 내부 구조가 다르지만 물체의 모습을 확대하는 역할을 한다는 점에서는 두 렌즈가 같다. 광학 현미경이 얼마나 확대해서 보여줄 수 있는가를 말해 주는 배율은 대물렌즈의 배율과 접안렌즈의 배율을 곱해서 말하게 되는데, 예를 들어서 대물렌즈로 100배를 확대할 수 있고 접안렌즈로 10배를 확대할 수 있으면 물체를 1,000배로 확대해서 볼 수 있게 되는 것이다.

① 광학 현미경은 가시광선을 이용하는 현미경이다.
② 광학 현미경은 접안렌즈와 대물렌즈를 모두 활용하여 물체를 확대한다.
③ 광학 현미경의 접안렌즈와 대물렌즈의 위치는 다르지만 역할은 동일하다.
④ 광학 현미경은 볼록렌즈에 통과하는 전자빔을 이용하여 물체를 확대해서 보여줄 수 있다.
⑤ 광학 현미경의 배율은 대물렌즈의 배율과 접안렌즈의 배율을 곱한 값으로 설명할 수 있다.

26 다음 글의 내용이 참일 경우, 반드시 거짓인 진술을 고르면?

전자책의 휴대성과 기록성은 종이책보다 뛰어나다. 전자책은 전용 단말기가 아니더라도 스마트폰만 있으면 언제 어디서든 간편한 독서가 가능하고, 종이책보다 쉽게 밑줄을 치거나 좋은 문장을 저장·공유할 수 있다. 또한, 문장을 선택하고 '공유' 버튼을 누르면 이미지나 텍스트 형태로 SNS에 공유가 가능하다. 물론 단점도 존재한다. 좋은 문장을 수집하는 과정이 용이하기 때문에 문장을 완전히 흡수하지 않고 관성적으로 쌓아둘 수 있다. 때에 따라서는 어떤 문장을 저장했는 지조차 기억하지 못하는 경우가 적지 않다. 반면 종이책의 경우 메모를 하려면 책을 읽는 속도가 느려지는 필사 과정을 거쳐야 하므로 번거롭지만, 문장을 마음에 새기는 심리적인 안정 요법으로 널리 사용되기도 한다.

① 전자책은 간편하게 독서를 할 수 있고 밑줄을 치는 것이 종이책보다 쉽다.
② 종이책은 휴대성과 기록성이 전자책에 비해서 떨어지는 특징을 지니고 있다.
③ 전자책은 독자가 판단한 문장들을 다른 매체를 통해 공유하는 것이 가능하다.
④ 전자책은 독서의 속도가 느리므로 문장의 의미를 기억하는 것에 용이하다.
⑤ 전자책은 좋은 문장을 수집하는 과정이 쉬워서 문장을 이해하지 않는 관성적인 읽기가 될 수 있다.

27 다음 글의 내용이 참일 경우, 반드시 거짓인 진술을 고르면?

수경재배는 토양 없이 물을 이용하여 작물을 재배하는 방식과 이에 필요한 모든 기술을 의미한다. 작물을 기르는 것을 재배라고 하는데, 흙을 이용한 전통적 방식을 토경재배, 흙을 사용하지 않으면 수경재배라고 구분한다. 일상의 텃밭 가꾸기에서 수경재배가 부각된 이유는 작물의 생육에 따라 최고의 생산성을 올릴 수 있다는 것과 다음과 같은 장점이 있기 때문이다. 우선 흙을 사용하지 않아서 관리가 편하고 깔끔하다. 또한, 흙에 사는 진딧물 같은 해로운 생물에 대한 걱정을 하지 않아도 된다. 다음으로 우리가 사는 공간에서 식물을 재배하는 것이 가능하므로 생육조건에 유리하다는 것이다. 또한, 비나 바람에 의해 작물이 다치는 일도 없다. 마지막으로 많은 자원을 사용하지 않는다. 최소한의 물과 최소한의 비료만이 사용되기 때문에 친환경적이라는 장점이 있다.

① 수경재배는 생육조건에 유리한 공간적 환경을 기반으로 한다.
② 토경재배는 진딧물과 같이 이로운 생물을 사용하기 때문에 친환경적이다.
③ 수경재배는 작물의 생육에 따라 생산성의 극대화를 기대할 수 있다.
④ 토경재배는 전통적인 방식으로 수경재배보다 관리가 상대적으로 어렵다.
⑤ 수경재배는 물을 이용한 작물 재배 방식과 이에 필요한 기술을 모두 일컫는다.

28 다음 글의 밑줄 친 부분에 대한 반론으로 적절한 것을 고르면?

> 마키아벨리는 힘이나 능력을 의미하는 단어인 비르투를 중심으로 군주의 권력을 설명한다. 그는 한 군주가 성공하거나 실패하는 것을 상황에 따른 적합한 행동을 할 수 있는지로 파악하였다. 변화하는 상황에 맞추어 자신의 행동을 자유자재로 바꿀 수 있는 유연한 비르투를 갖추는 것의 중요성을 강조함으로써, 상황을 무시하고 무조건적으로 선하게만 행동하는 것은 군주에게 몰락을 가져올 것이라고 보았다. 마키아벨리의 입장에서 군주가 권력을 획득해야 하는 상황은 소수의 잘못된 지배층으로 인해 다수의 인민과 국가 공동체가 피해를 보는 상황이다. 따라서 <u>군주는 잘못된 지배층을 제어하기 위해 도덕적이지 않은 방법을 활용해서라도 인민과 공동체를 우선에 두어야 함</u>을 강조한 것이다.

① 군주가 비르투를 올바르게 활용할 수 있는 기본적인 판단 능력이 중요하다.

② 군주가 비르투를 가져야 국가의 위기를 극복해낼 수 있으므로 이를 함양해야 한다.

③ 군주는 국가 공동체를 위해 잘못된 소수의 지배층을 어떤 방법으로도 제어해야 한다.

④ 군주가 비르투를 도덕적이지 않은 방법으로 활용한다면 이는 인민과 공동체에 또 다른 문제를 야기할 수 있다.

⑤ 군주의 비르투를 자유자재로 바꿔 발휘함으로써 개인의 역량인 비르투에 도덕적 영향력을 극대화할 수 있다.

29 다음 글과 [보기]를 읽고 추론한 것 중 가장 적절하지 <u>않은</u> 것을 고르면?

추상 미술은 대상의 구체적인 형상을 표현하기보다 점이나 선과 같은 순수한 조형 요소로 대상을 표현한다. 추상 미술에서 작가는 조형 요소가 지닌 각각의 고유한 의미와 느낌을 활용해서 대상에 대한 자신의 생각과 느낌을 표현할 수 있다. 이렇게 조형 요소들의 어울림으로 그려진 회화는 작가가 자신의 내면을 표현하기 위한 도구가 된다. 추상 미술은 사진기가 발명되고 사진 기술이 발달하면서 더욱 발전하게 된다.

┤ 보기 ├

기존에는 회화가 대상의 모습을 있는 그대로 재현하고 묘사하는 역할을 담당했지만, 사진이 등장하면서 회화는 그 역할을 사진에 넘겨주게 되었다. 그리고 같은 대상을 같은 사진기로 여러 장 찍더라도 완벽하게 똑같은 사진이 나올 수 없다는 점에서, 대상을 그대로 묘사하더라도 작가의 주관을 배제할 수 없다는 인식이 생겨나기 시작했다. 즉 사물을 재현하는 모방적 회화에도 작가의 감정이나 내면이 반영된다는 것이다. 이런 점을 바탕으로 추상 미술에서는 회화를 작가가 의도한 마음의 상태나 표현의 도구로 간주한다.

① 추상 미술에서 회화는 작가의 주관이 반영된 미술로 볼 수 있다.
② 순수한 조형 요소가 활용됨으로써 사물의 재현과 묘사가 가능하다.
③ 구체적인 형상의 표현을 통해 완벽하게 똑같은 대상의 묘사는 불가능하다.
④ 사진기의 발명으로 작가의 내면을 표현하기 위한 회화의 기능이 강조되었다.
⑤ 추상 미술은 점 또는 선과 같은 순수한 조형 요소가 지닌 각각의 고유한 의미와 느낌을 활용한다.

30 다음 글과 [보기]를 읽고 추론한 것 중 가장 적절한 것을 고르면?

코드분할다중접속 방식은 시간과 주파수를 모두 쪼개고, 하나의 단위를 의미하는 코드를 이용하여 다중 통신을 하는 방식이다. 이를 바탕으로 주파수 도약이라는 것이 활용되는데, 주파수 도약은 쪼개어진 각 코드 중에서 이용이 가능하며, 가장 안정적이고 효율적이라고 판단하는 코드에 무작위로 정보를 전송하는 것을 의미한다. 즉 전송하는 단말기가 전송해야 할 데이터를 여러 개로 분할하여 여러 개의 코드에 데이터를 전송시키면 수신하는 단말기가 다른 코드의 데이터가 아닌 자신이 수신해야 할 데이터의 내용만 추출하는 것이다. 그리고 두 단말기는 공유하고 있는 코드를 통해 정보를 서로 주고받을 수 있다.

┤ 보기 ├

블루투스 기술은 전파를 이용해서 간단한 정보를 교환할 수 있도록 만드는 근거리 무선 기술 표준을 의미한다. 그런데 블루투스를 이용하려는 기기 주변에 같은 주파수를 사용하는 다른 장치가 있다면, 다른 기기들과의 상호 간섭에 의해 통신 품질이 저하된다. 이러한 간섭을 피하기 위해 주파수를 조금씩 다르게 사용하는 채널들을 두고, 서로 주파수를 바꿔가면서 데이터를 조금씩 나누어 보낸다. 이렇게 조금씩 나누어 보낸 데이터들을 모두 합치면 하나의 완성된 데이터를 읽어내게 된다.

① 주파수 도약은 가장 불안정적이라고 판단하는 코드에 무작위로 정보를 전송한다.
② 쪼개어진 각 코드 중에서 가장 효율적인 코드를 사용하면 기기 간의 간섭이 발생한다.
③ 데이터를 여러 개로 분할함으로써 블루투스 기술이 적용된 기기 간의 데이터 교환이 가능하다.
④ 단말기가 수신해야 할 데이터의 내용을 추출하더라도 다중 통신을 통한 정보 교환은 불가능하다.
⑤ 시간과 주파수를 모두 쪼개서 여러 개의 코드에 정보를 전송하면 완성된 데이터를 읽어내지 못한다.

GSAT 최최종 봉투모의고사

GSAT

최최종 봉투모의고사

| 3회 |

• 본 모의고사는 아래와 같은 형식으로 구성되어 있습니다.

구분	문항 수	시간	비고
수리논리	20문항	30분	객관식 오지선다형
추리	30문항	30분	

• 2020년 하반기부터 2022년 하반기 GSAT의 영역별 출제 비중은 다음과 같습니다.

수리논리		추리	
응용수리	2문항	명제	3문항
		조건추리	11문항
		도형추리	3문항
자료해석	18문항	도식추리	4문항
		어휘추리	2문항
		독해추론	7문항

최최종 봉투모의고사 3회

정답과 해설 P.29~41

수리논리	20문항 / 30분

01 P 학교는 작년 대비 올해 남학생 수가 10% 감소, 여학생 수가 20% 증가하여 올해 전체 학생 수가 작년 대비 20명 증가하였다. 작년 전체 학생 수가 550명일 때, 올해 여학생 수를 고르면?

① 200명　　　② 225명　　　③ 250명　　　④ 275명　　　⑤ 300명

02 여자 4명과 남자 6명이 회의에 참석하였다. 회의가 끝난 뒤 여자들은 남자들하고만 한 번씩 악수했고, 남자들은 회의에 참석한 모두와 한 번씩 악수했을 때, 회의에 참석한 사람들이 악수한 총횟수를 고르면?

① 12회　　　② 15회　　　③ 24회　　　④ 30회　　　⑤ 39회

03 다음은 대학생 월평균 생활비별 비율과 생활비 항목별 지출 비중을 조사한 자료이다. 주어진 자료에 대한 [보기]의 설명 중 옳은 것을 모두 고르면?(단, 모든 대학생의 생활비 항목별 지출 비중은 동일하다.)

[그래프] 대학생 월평균 생활비별 비율 (단위: %)

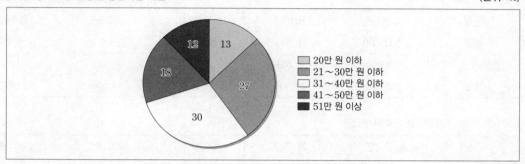

- 20만 원 이하
- 21~30만 원 이하
- 31~40만 원 이하
- 41~50만 원 이하
- 51만 원 이상

[그래프] 대학생 생활비 항목별 지출 비중 (단위: %)

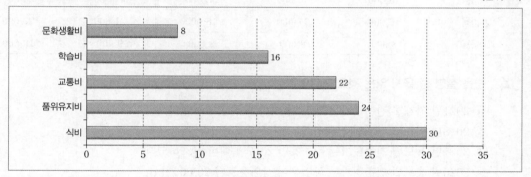

┤ 보기 ├
ⓒ 월평균 생활비 비율은 31~40만 원 이하가 가장 높고, 항목별 지출 비중은 식비가 가장 크다.
ⓒ 어느 학생의 생활비가 50만 원이면, 그 학생의 교통비는 월 10만 원 이상이다.
ⓒ 월평균 생활비 비율은 30만 원 이하인 대학생이 41만 원 이상인 대학생의 1.5배 이상이다.
ⓒ 어느 학생의 생활비가 50만 원이면, 그 학생의 학습비와 품위유지비의 차이는 월 5만 원 이상이다.

① ㉠, ㉡   ② ㉠, ㉢   ③ ㉡, ㉢
④ ㉡, ㉣   ⑤ ㉢, ㉣

[04~05] 다음은 2017~2021년 자재별, 용도별 건축허가 현황을 조사한 자료이다. 주어진 자료를 바탕으로 질문에 답하시오.

[표] 2017~2021년 자재별 건축허가 현황 (단위: 동)

구분	2017년	2018년	2019년	2020년	2021년
철근	232,000	245,000	212,000	198,000	206,000
조적조	12,000	9,200	8,300	8,200	8,600
목조	17,000	12,000	11,000	12,000	9,000

[표] 2017~2021년 용도별 건축허가 현황 (단위: 천 m²)

구분	2017년	2018년	2019년	2020년	2021년
주거용	70,000	57,000	45,000	48,000	57,000
상업용	48,000	44,000	38,000	41,000	54,000
공업용	16,000	17,000	18,000	21,000	27,000
교육용	8,900	8,600	9,800	9,400	10,000

04 다음 설명 중 옳지 <u>않은</u> 것을 고르면?

① 2021년 자재별 건축허가는 2017년 대비 모두 감소하였다.
② 2018년 이후 조적조의 건축허가는 매년 감소하였다.
③ 2021년 용도별 건축허가는 주거용만 2017년 대비 감소하였다.
④ 2020년 용도별 건축허가는 공업용이 상업용보다 20,000천 m² 작다.
⑤ 2019년 철근의 건축허가는 2년 전 대비 20,000동 감소하였다.

05 주어진 자료에 대한 [보기]의 설명 중 옳은 것을 모두 고르면?

┤ 보기 ├

ⓘ 2021년 공업용 건축허가는 2년 전 대비 60% 이상 증가하였다.
ⓛ 제시된 기간 중 자재별 건축허가 현황 합계는 2019년이 가장 낮다.
ⓒ 제시된 기간 중 목조의 건축허가가 최대인 해에 교육용 건축허가는 9,000천 m² 이하이다.
ⓡ 2018년 상업용과 주거용 건축허가의 합은 10,100만 m²이다.

① ㉠, ㉡   ② ㉠, ㉢   ③ ㉡, ㉢
④ ㉡, ㉣   ⑤ ㉢, ㉣

[06~07] 다음은 2018~2021년 연령대별 및 직업별 스마트폰 과의존 비율을 조사한 자료이다. 주어진 자료를 바탕으로 질문에 답하시오.

[표] 2018~2021년 연령대별 스마트폰 과의존 비율 (단위: %)

구분	2018년		2019년		2020년		2021년	
	고위험	잠재위험	고위험	잠재위험	고위험	잠재위험	고위험	잠재위험
유아동	2	19	2	21	4	24	4	24
청소년	4	26	4	26	5	31	6	31
성인	3	15	3	16	4	18	5	19

[표] 2018~2021년 직업별 스마트폰 과의존 비율 (단위: %)

구분	2018년		2019년		2020년		2021년	
	고위험	잠재위험	고위험	잠재위험	고위험	잠재위험	고위험	잠재위험
전문직	2	14	3	15	4	19	4	19
사무직	3	15	3	16	4	18	5	19
서비스직	3	16	2	15	4	17	4	17
생산직	3	14	2	14	3	14	3	15

06 다음 설명 중 옳지 않은 것을 고르면?

① 연령대별 스마트폰 과의존 비율 중 청소년의 고위험 및 잠재위험이 매년 가장 높다.
② 2021년 유아동의 고위험 및 잠재위험 비율의 합은 3년 전 대비 5%P 이상 증가하였다.
③ 2020년 직업별 스마트폰 과의존 비율 중 고위험 비율은 전문직이 가장 낮다.
④ 2019년 사무직의 고위험 및 잠재위험 비율의 합은 20% 미만이다.
⑤ 연령대별 스마트폰 과의존 비율 중 고위험 비율은 성인이 청소년보다 매년 낮다.

07 주어진 자료에 대한 [보기]의 설명 중 옳은 것을 모두 고르면?

┤ 보기 ├

㉠ 2020년 직업별 스마트폰 과의존 비율 중 잠재위험 비율의 평균은 16%이다.
㉡ 2021년 연령대별 스마트폰 과의존 비율 중 고위험 비율은 평균 5% 미만이다.
㉢ 2019년 직업별 스마트폰 과의존 비율 중 고위험 및 잠재위험 비율의 합은 모든 직군이 20% 이하이다.
㉣ 제시된 기간 중 성인의 고위험 및 잠재위험 비율의 합이 최대인 해에 사무직의 고위험 및 잠재위험 비율의 합도 최대이다.

① ㉠, ㉡   ② ㉠, ㉢   ③ ㉡, ㉢
④ ㉡, ㉣   ⑤ ㉢, ㉣

08 다음은 연도별 글로벌 모바일 기기용 OLED 부품 소재 시장규모와 한국 및 중국 모바일 기기용 OLED 부품 소재 시장규모를 조사한 자료이다. 주어진 자료에 대한 [보기]의 설명 중 옳은 것을 모두 고르면?

[그래프] 연도별 글로벌 모바일 기기용 OLED 부품 소재 시장규모 (단위: 백만 달러)

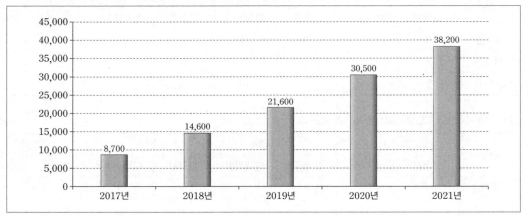

※ 글로벌에 한국과 중국도 포함됨

[표] 연도별 한국 및 중국 모바일 기기용 OLED 부품 소재 시장규모 (단위: 백만 달러)

구분	2017년	2018년	2019년	2020년	2021년
한국	8,200	13,100	18,100	20,700	24,500
중국	400	1,230	2,900	5,700	10,400

┌ 보기 ├
ⓒ 2021년 글로벌 모바일 기기용 OLED 부품 소재 시장규모는 4년 전 대비 4배 이상 증가하였다.
ⓒ 제시된 기간에 한국과 중국의 모바일 기기용 OLED 부품 소재 시장규모의 차이는 매년 증가하였다.
ⓒ 2020년 글로벌 모바일 기기용 OLED 부품 소재 시장규모에서 한국과 중국의 비중의 합은 90% 이상이다.
ⓒ 2018년 이후 모바일 기기용 OLED 부품 소재 시장규모는 글로벌, 한국, 중국 모두 매년 전년 대비 증가하였다.

① ㉠, ㉡   ② ㉠, ㉢   ③ ㉠, ㉣
④ ㉡, ㉣   ⑤ ㉢, ㉣

09 다음은 니켈 및 코발트 매장량 비중 상위 5개국의 니켈 매장량 비중과 코발트 매장량 비중을 조사한 자료이다. 주어진 자료에 대한 [보기]의 설명 중 옳은 것을 모두 고르면?

[그래프] 국가별 니켈 매장량 비중 (단위: %)

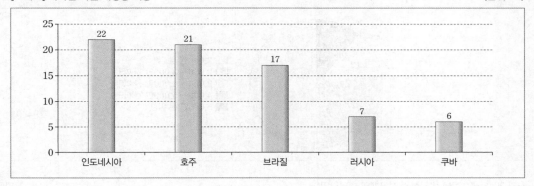

[그래프] 국가별 코발트 매장량 비중 (단위: %)

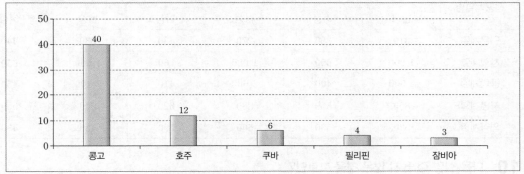

※ 니켈과 코발트의 전체 매장량은 각각 9,400만 톤, 840만 톤임

┤ 보기 ├
ㄱ. 브라질의 니켈 매장량은 1,700만 톤 이상이다.
ㄴ. 코발트 매장량 비중은 콩고가 호주, 쿠바, 필리핀, 잠비아 비중의 합보다 크다.
ㄷ. 니켈 매장량 비중은 인도네시아가 러시아의 3배 이상이다.
ㄹ. 니켈 매장량 비중과 코발트 매장량 비중이 동시에 상위 5개국 안에 드는 국가는 1개이다.

① ㄱ, ㄴ   ② ㄱ, ㄷ   ③ ㄴ, ㄷ
④ ㄴ, ㄹ   ⑤ ㄷ, ㄹ

[10~11] 다음은 2018~2020년 박사학위 학비지출 비중과 전공계열별 남녀인원을 조사한 자료이다. 주어진 자료를 바탕으로 질문에 답하시오.(단, 박사학위 학비지출 비중은 모든 전공계열이 동일하다.)

[그래프] 2018~2020년 박사학위 학비지출 비중 (단위: %)

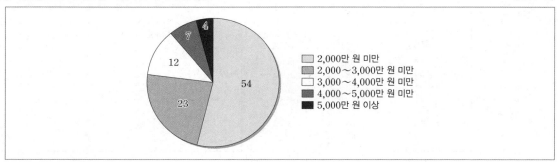

[표] 2018~2020년 박사학위 전공계열별 남녀인원 (단위: 명)

전공계열별	2018년		2019년		2020년	
	남성	여성	남성	여성	남성	여성
인문계열	310	390	270	430	330	440
사회계열	1,000	690	1,080	760	1,000	650
공학계열	2,500	400	2,600	410	2,700	450
자연계열	860	550	880	620	900	550
의약계열	520	530	560	590	430	430

10 다음 설명 중 옳지 않은 것을 고르면?

① 2019년 이후 공학계열 박사학위 남녀인원은 매년 증가하였다.
② 박사학위 학비지출이 3,000만 원 미만인 비중은 75% 이상이다.
③ 2019년 자연계열 박사학위 남녀인원은 전년 대비 90명 증가하였다.
④ 2020년 의약계열 박사학위 남녀인원은 2년 전 대비 20% 이상 감소했다.
⑤ 2018~2020년 인문계열 박사학위 남녀인원 중 학비지출이 5,000만 원 이상인 남녀인원은 80명 이상이다.

11 주어진 자료에 대한 [보기]의 설명 중 옳은 것을 모두 고르면?

┌─ 보기 ├───
  ㉠ 2020년 박사학위 남성은 공학계열이 사회계열보다 1,700명 더 많다.
  ㉡ 2020년 사회계열의 박사학위 인원은 2년 전 대비 증가하였다.
  ㉢ 2018년 제시된 전공계열 중 여성이 남성보다 많은 박사학위 전공계열은 2개이다.
  ㉣ 2018~2020년 박사학위 학비지출 비중은 3,000~4,000만 원이 5,000만 원 이상의 4배이다.
└──

① ㉠, ㉡   ② ㉠, ㉢   ③ ㉡, ㉢
④ ㉡, ㉣   ⑤ ㉢, ㉣

12 다음은 2016년부터 2020년까지 폭염 일수 및 온열질환자 수를 조사한 자료이다. 주어진 자료에 대한 설명 중 옳은 것을 고르면?

[그래프] 2017~2020년 폭염 일수 및 온열질환자 수   (단위: 일, 명)

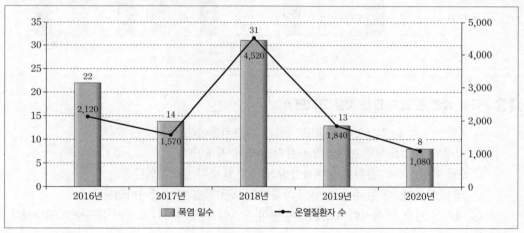

① 2016년부터 2017년까지 폭염 일수의 평균은 19일이다.
② 제시된 기간에 폭염 일수와 온열질환자 수는 비례한다.
③ 2019년 온열질환자 수는 3년 전 대비 180명 감소하였다.
④ 2019년 폭염 일수 대비 온열질환자 수는 전년 대비 증가하였다.
⑤ 제시된 기간 중 폭염 일수와 온열질환자 수 모두 가장 많은 해는 2018년이다.

[13~14] 다음은 7~11월 노선별 운항편 및 여객인원과 화물량을 조사한 자료이다. 주어진 자료를 바탕으로 질문에 답하시오.

[표] 7~11월 노선별 운항편 및 여객인원 (단위: 편, 천 명)

구분	7월		8월		9월		10월		11월	
	운항편	여객인원	운항편	여객인원	운항편	여객인원	운항편	여객인원	운항편	여객인원
아시아	6,400	930	7,300	1,080	6,100	920	7,100	1,200	8,300	1,400
미주	3,700	344	3,820	376	3,550	350	3,900	398	3,800	392
유럽	2,600	325	2,770	248	2,820	286	2,960	348	2,850	340

[그래프] 7~11월 노선별 화물량 (단위: 톤)

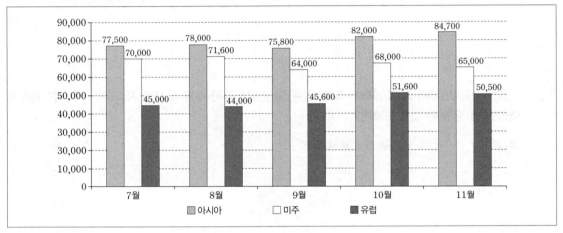

13 다음 설명 중 옳지 <u>않은</u> 것을 고르면?

① 7월 미주와 유럽 노선의 화물량 차이는 35,000톤이다.
② 미주와 유럽 노선의 여객인원은 각각 10월에 최대이다.
③ 9월 미주 노선은 운항편과 여객인원 모두 전월 대비 감소하였다.
④ 10월 아시아, 미주, 유럽 노선의 화물량은 모두 전월 대비 증가하였다.
⑤ 제시된 기간 중 아시아 노선의 운항편이 최대인 월에 아시아 노선의 화물량도 최대이다.

14 주어진 자료에 대한 [보기]의 설명 중 옳은 것을 모두 고르면?

┤ 보기 ├

㉠ 11월 아시아, 미주, 유럽 노선의 총화물량은 전월 대비 증가하였다.

㉡ 7월 미주 노선의 운항편당 화물량은 20톤 이상이다.

㉢ 8월 이후 유럽 노선의 운항편은 10월까지 매월 전월 대비 증가하였다.

㉣ 8~9월 아시아 노선의 여객인원 평균은 1백만 명이다.

① ㉠, ㉡   ② ㉠, ㉢   ③ ㉡, ㉢

④ ㉡, ㉣   ⑤ ㉢, ㉣

15 다음은 국내 전체 우유 및 기타대체우유 시장규모를 조사한 자료이다. 주어진 자료에 대한 설명 중 옳지 <u>않은</u> 것을 고르면?

[그래프] 국내 전체 우유 및 기타대체우유 시장규모   (단위: 십억 원)

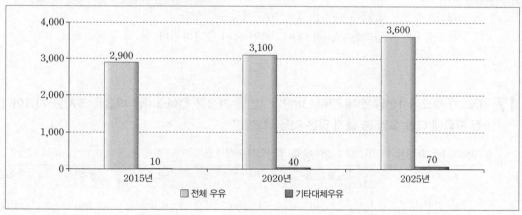

① 2015년 시장규모는 전체 우유가 기타대체우유의 290배이다.

② 2025년 기타대체우유는 2020년 대비 75% 증가할 것으로 예상된다.

③ 2020년 전체 우유와 기타대체우유의 시장규모는 5년 전 대비 증가하였다.

④ 2025년 전체 우유의 시장규모는 10년 전 대비 700억 원 증가할 것으로 예상된다.

⑤ 2020년 전체 우유 시장규모에서 기타대체우유 시장규모가 차지하는 비중은 5년 전 대비 증가하였다.

16 다음은 연도별 라면 수출액 및 수입액을 조사한 자료이다. 주어진 자료에 대한 설명 중 옳지 <u>않은</u> 것을 고르면?

[그래프] 2017~2021년 라면 수출액 및 수입액 (단위: 억 달러)

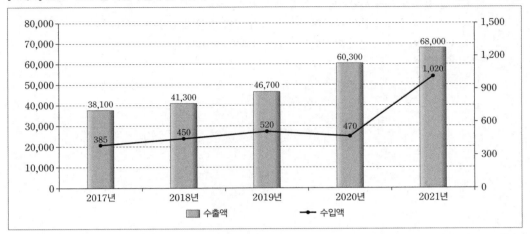

① 2018년 이후 라면 수출액은 매년 전년 대비 증가하였다.
② 2020년 라면 수출액은 수입액의 150배 미만이다.
③ 라면 수입액의 전년 대비 증가율은 2019년이 2018년보다 크다.
④ 2021년 라면 수출액은 4년 전 대비 70% 이상 증가했다
⑤ 2019년 라면 수입액은 2년 전 대비 135억 달러 증가하였다.

17 OECD 주요국 1인당 전체 전력소비량과 1인당 가정용 전력소비량 비율을 조사한 자료이다. 주어진 자료에 대한 설명 중 옳지 <u>않은</u> 것을 고르면?

[그래프] OECD 주요국 1인당 전체 전력소비량 및 1인당 가정용 전력소비량 비율 (단위: kWh, %)

구분	노르웨이	캐나다	미국	호주	한국
1인당 전체 전력소비량	24,000	15,500	13,000	9,800	11,000
1인당 가정용 전력소비량 비율	31	30	35	28	13

※ 1인당 가정용 전력소비량 비율은 1인당 전체 전력소비량에서 가정용 전력소비량이 차지하는 비율임

① 노르웨이의 1인당 가정용 전력소비량은 7,440kWh이다.
② 1인당 전체 전력소비량은 캐나다가 한국보다 4,500kWh 더 많다.
③ 1인당 가정용 전력소비량 비율은 미국이 호주보다 7%P 더 높다.
④ 제시된 국가 중 1인당 전체 전력소비량이 네 번째로 많은 국가는 한국이다.
⑤ 제시된 국가 중 1인당 전체 전력소비량과 1인당 가정용 전력소비량 비율 모두 노르웨이가 가장 높다.

18 다음은 어느 학생의 2022년 2학기 대학교 성적표를 조사한 자료이다. 주어진 자료를 바탕으로 빈 칸에 해당하는 값을 예측했을 때, 가장 적절한 것을 고르면?(단, 전체 백분율 환산점수는 A~D 과목 전체의 백분율 환산점수이다.)

[표] 2022년 2학기 성적표

(단위: 점)

과목	구분	점수	백분율 환산점수	전체
A	전공	4.0	(㉠)	(㉡)
B		3.0		
C	교양	3.0	79	
D		2.0		

※ (백분율 환산점수)=(점수의 평균)×10+a

	㉠	㉡
①	89	82
②	89	84
③	89	86
④	91	82
⑤	91	84

19 다음은 일주일 방문외식 횟수별 응답자 수를 조사한 자료이다. 주어진 자료를 바탕으로 그래프를 작성하였을 때, 적절하지 <u>않은</u> 것을 고르면?(단, 비중은 소수점 첫째 자리에서 반올림하여 계산한다.)

[표] 일주일 방문외식 횟수별 응답자 수 　　　　　　　　　　　　　　　　　　　　(단위: 명)

구분	3회 이하	4회	5회	6회	7회 이상	합계
20대 이하	16	24	18	28	36	122
30대	26	32	35	30	28	151
40대	25	28	36	40	24	153
50대 이상	14	18	24	20	16	92
합계	81	102	113	118	104	518

① 일주일 방문외식 횟수별 전체 응답자 수
(단위: 명)

② 일주일 방문외식 횟수별 40대 이상 응답자 수
(단위: 명)

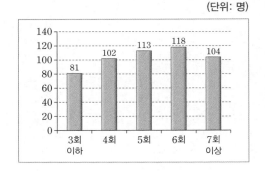

③ 일주일 방문외식 횟수별 30대 이하 응답자 수
(단위: 명)

④ 일주일 방문외식 횟수별 40대 응답자 수 비중
(단위: %)

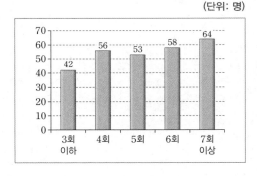

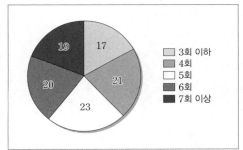

⑤ 일주일 방문외식 횟수별 50대 이상 응답자 수 비중
(단위: %)

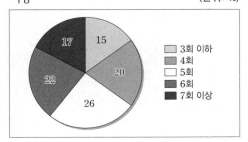

20 다음은 어느 연구단체에서 발표한 종별 멸종위기 동물 개체 수의 추이이다. 각 종은 연대별로 일정한 규칙에 따라 개체 수가 변화할 때, A~C 종의 멸종위기 동물 개체 수의 합이 처음으로 5,000마리 이하가 되는 시기를 고르면?

[표] 종별 멸종위기 동물 개체 수 추이 (단위: 마리)

종별	1940년대	1960년대	1980년대	2000년대	2020년대
A	6,400	5,700	5,000	4,300	3,600
B	4,900	4,420	3,940	3,460	2,980
C	5,600	5,060	4,520	3,980	3,440

① 2040년대 ② 2060년대 ③ 2080년대
④ 2100년대 ⑤ 2120년대

01 다음 전제를 보고 항상 참인 결론을 고르면?

전제1	회사원은 커피를 좋아한다.
전제2	운동을 하지 않는 사람은 커피를 좋아하지 않는다.
결론	

① 모든 회사원은 운동을 하지 않는다.
② 운동을 하는 모든 사람은 회사원이다.
③ 운동을 하는 모든 사람은 회사원이 아니다.
④ 운동을 하지 않는 모든 사람은 회사원이다.
⑤ 운동을 하지 않는 모든 사람은 회사원이 아니다.

02 다음 전제를 보고 항상 참인 결론을 고르면?

전제1	A 학교의 어떤 학생은 D 사의 인턴이다.
전제2	D 사의 모든 인턴은 똑똑하다.
결론	

① A 학교의 모든 학생은 똑똑하다.
② A 학교의 어떤 학생은 똑똑하지 않다.
③ 똑똑한 모든 사람은 A 학교의 학생이다.
④ 똑똑한 어떤 사람은 A 학교의 학생이다.
⑤ 똑똑하지 않은 모든 사람은 A 학교의 학생이다.

03 다음 결론이 반드시 참이 되게 하는 전제를 고르면?

전제1	파스타를 먹는 모든 사람은 피자를 먹는다.
전제2	
결론	핫도그를 먹는 모든 사람은 피자를 먹는다.

① 파스타를 먹는 모든 사람은 핫도그를 먹는다.
② 핫도그를 먹는 모든 사람은 파스타를 먹는다.
③ 핫도그를 먹는 모든 사람은 파스타를 먹지 않는다.
④ 핫도그를 먹지 않는 모든 사람은 파스타를 먹는다.
⑤ 파스타를 먹지 않는 모든 사람은 핫도그를 먹는다.

04 직원 A~E는 5곳의 거래처(판매처1~2, 구매처1~3) 중 한 군데를 방문하고자 한다. 주어진 [조건]을 바탕으로 항상 옳은 것을 고르면?

┤ 조건 ├

• A~E 5명은 서로 다른 요일에 서로 다른 곳의 거래처를 한 군데씩 방문한다.

월요일	화요일	수요일	목요일	금요일
판매처1	판매처2	구매처1	구매처2	구매처3

• C는 판매처를 방문하면서, D보다 앞선 요일에 방문한다.
• E는 구매처를 방문하면서, A보다 늦은 요일에 방문한다.
• B는 구매처1을 방문한다.

① D는 구매처를 방문한다.
② 가능한 경우의 수는 4가지이다.
③ A가 판매처를 방문한다면, E는 구매처2를 방문한다.
④ A가 구매처를 방문한다면, D는 판매처2를 방문한다.
⑤ E가 구매처3을 방문한다면, C는 판매처2를 방문한다.

05 인사팀 직원 A~H가 회의를 위해 일정한 간격으로 원탁에 앉으려고 한다. 주어진 [조건]을 바탕으로 항상 옳은 것을 고르면?

┤ 조건 ├

- A는 B 바로 옆에 앉지 않는다.
- B와 G는 마주 보고 앉는다.
- D는 H 바로 옆에 앉는다.
- E는 F와 마주 보고 앉는다.
- C는 E 바로 옆에 앉는다.

① C와 D는 마주 보고 앉는다.
② 가능한 경우의 수는 4가지이다.
③ F의 바로 오른쪽에 H가 앉는다.
④ B와 E 사이에 앉는 사람이 존재한다.
⑤ A의 바로 오른쪽에 C가 앉는다면, C는 H와 마주 보고 앉지 않는다.

06 M사 직원 5명(갑~무)은 카페에서 각자 원하는 음료를 한 잔씩 주문하였다. 주어진 [조건]을 바탕으로 사과주스 한 잔의 가격을 고르면?

┤ 조건 ├

- 5명이 주문한 음료의 총금액은 21,300원이다.
- 갑을 포함한 3명의 직원은 포도주스를 주문하였다.
- 을은 혼자 사과주스를 주문하였다.
- 나머지 한 사람은 5,300원인 캐모마일을 주문하였다.
- 갑과 을의 음료 금액은 총 8,400원이다.

① 4,500원   ② 4,600원   ③ 4,700원   ④ 4,900원   ⑤ 5,000원

07 A~E 5종의 차량이 주차장에 일렬로 주차해 있다. 주어진 [조건]을 바탕으로 항상 옳지 <u>않은</u> 것을 고르면?

┤ 조건 ├
- 차량의 색상은 흰색, 파란색, 검은색 중 하나이다.
- 가장 왼쪽, 가장 오른쪽에 있는 차량은 모두 흰색이다.
- D는 A 바로 오른쪽에 있으며, C보다는 왼쪽에 있다.
- A와 E의 색상은 동일하고, 그 사이에는 검은색 차량 한 대가 있다.
- B는 가장 오른쪽에 있다.
- B의 바로 왼쪽에 있는 차량은 파란색이다.

① C의 색상은 검은색이다.
② 흰색 차량은 총 3대이다.
③ 가능한 경우의 수는 1가지이다.
④ 검은색과 파란색 차량은 각각 1대씩 있다.
⑤ A가 흰색 차량이면, B와 차량의 색상이 동일하다.

08 김 대리는 A~F 6명이 앉을 6인용 원탁에 일정한 간격으로 자리를 마련하고 있다. 주어진 [조건]을 바탕으로 바로 옆에 나란히 앉는 사람으로 옳게 짝지어진 것을 고르면?

┤ 조건 ├

- A는 C와 F 중 한 사람의 바로 옆자리에 앉는다.
- D의 바로 옆자리에 C와 E는 앉지 않는다.
- A와 B의 사이에 2명이 앉는다.
- B의 바로 왼쪽 자리에 F가 앉는다.

① A와 D   ② A와 E   ③ B와 C
④ B와 D   ⑤ C와 F

09 6명의 직원 A~F는 혈액형 검사에 따라 각각 1~6번 중 어느 한 번호를 부여받았고, 번호순으로 헌혈을 할 예정이다. 주어진 [조건]을 바탕으로 항상 옳은 것을 고르면?

┤ 조건 ├
- 1, 2, 3번은 오전에 헌혈을 하고, 4, 5, 6번은 오후에 헌혈을 하게 된다.
- C, F는 오전에 헌혈을 한다.
- C 다음에는 A가, A 다음에는 D가 차례로 헌혈을 한다.
- B는 2번 또는 6번으로 헌혈을 한다.

① D는 오후에 헌혈을 한다.
② 가능한 경우의 수는 3가지이다.
③ D는 항상 B보다 먼저 헌혈을 한다.
④ F가 가장 먼저 헌혈을 한다면, F 다음 헌혈 순서는 항상 E이다.
⑤ A가 4번으로 헌혈을 한다면, B의 헌혈 순서는 항상 마지막이다.

10 중동 5개국 개발 프로젝트를 위해 최종적으로 우리나라의 5개 기업(갑, 을, 병, 정, 무)이 선정되었다. 각국의 개발 프로젝트는 항상 2개 기업이 한 팀으로 담당하게 되며, 5개국의 개발 프로젝트는 각기 다른 조합의 팀이 수행한다. 5개 기업 관계자 중 1개 기업의 관계자만 거짓을 말할 때, 주어진 [대화]를 바탕으로 거짓을 말하는 관계자의 기업을 고르면?

┤ 대화 ├
- 갑: 우리는 병 기업과 한 팀으로 프로젝트를 수행한다.
- 을: 우리는 정 기업과 한 팀으로 프로젝트를 수행한다.
- 병: 우리는 정 기업과 한 팀으로 프로젝트를 수행한다.
- 정: 우리는 갑 기업과 한 팀으로 프로젝트를 수행한다.
- 무: 우리는 병 기업과 한 팀으로 프로젝트를 수행한다.

① 갑   ② 을   ③ 병   ④ 정   ⑤ 무

11 A~E 5명이 달리기를 해서 서로 다른 순서로 결승선을 통과했다. 주어진 [조건]을 바탕으로 항상 옳지 <u>않은</u> 것을 고르면?

┤ 조건 ├
- A는 결승선을 가장 먼저 통과하지 않았다.
- B는 D보다 결승선을 늦게 통과했다.
- C는 E와 연속된 순서로 결승선을 통과했다.
- 세 번째로 결승선을 통과한 사람은 E다.

① 가능한 경우의 수는 4가지이다.
② 두 번째로 결승선을 통과한 사람은 A다.
③ 첫 번째로 결승선을 통과한 사람은 D다.
④ B가 네 번째로 결승선을 통과했다면, 두 번째로 결승선을 통과한 사람은 C다.
⑤ C가 네 번째로 결승선을 통과했다면, 두 번째로 결승선을 통과한 사람은 D다.

12 A~F 6명은 2층짜리 건물의 각자 다른 호수에 거주한다. 주어진 [조건]을 바탕으로 항상 옳은 것을 고르면?

┤ 조건 ├

201호	202호	203호
101호	102호	103호

- A는 E의 바로 아래층 호수에 거주한다.
- C는 D의 바로 옆 호수에 거주한다.
- B는 102호에 거주한다.

① A는 2층에 거주한다.
② 가능한 경우의 수는 4가지이다.
③ B의 오른쪽 호수에 거주하는 사람은 F다.
④ F가 103호에 거주한다면, 202호에 거주하는 사람은 C다.
⑤ E의 바로 왼쪽 호수에 거주하는 사람이 있다면, 그 사람은 D다.

13 국악경연대회에 참가하여 1등부터 5등까지 등수를 차지한 A~E 5명의 친구가 등수에 대해 다음과 같이 대화를 나누었다. 5명 중 1명만 거짓을 말할 때, 주어진 [대화]를 바탕으로 항상 옳은 것을 고르면?(단, 거짓을 말한 사람의 모든 말은 거짓이며, 가장 높은 등수는 1등이다.)

┤ 대화 ├
- A: E는 1등이고, D는 C보다 등수가 높다.
- B: 나는 E보다 등수가 낮고, C는 A보다 등수가 높다.
- C: A는 B보다 등수가 낮다.
- D: B는 C보다 등수가 높다.
- E: D는 B보다 등수가 높고, A는 C보다 등수가 높다.

① A는 1등이다.
② B는 1등이다.
③ E는 2등이다.
④ B는 2등이다.
⑤ D는 2등이다.

14 전자제품을 판매하는 '갑'사의 지역별 대리점인 A~D 4개 매장에서는 세탁기, 냉장고, 에어컨만을 판매한다. 주어진 [조건]을 바탕으로 C 매장과 D 매장의 지역이 올바르게 짝지어진 것을 고르면?

┤ 조건 ├
- 4개 매장의 지역은 대구, 대전, 부산, 인천 중 하나이며, 서로 모두 다르다.
- 매장별 판매제품의 비중은 다음과 같다.

(단위: %)

구분	세탁기	냉장고	에어컨
A 매장	32	34	34
B 매장	51	32	17
C 매장	19	32	49
D 매장	17	30	53

- 대구 매장의 세탁기 판매 비중과 부산 매장의 에어컨 판매 비중의 합은 대전 매장의 냉장고 판매 비중과 같다.
- 대구 매장과 대전 매장의 세탁기 판매 비중의 합은 인천 매장의 에어컨 판매 비중과 같다.

  C 매장   D 매장
① 대구 매장 대전 매장
② 부산 매장 대구 매장
③ 인천 매장 부산 매장
④ 인천 매장 대구 매장
⑤ 대전 매장 부산 매장

15 다음에 주어진 도형을 보고 적용된 규칙을 찾아 '?'에 해당하는 적절한 도형을 고르면?

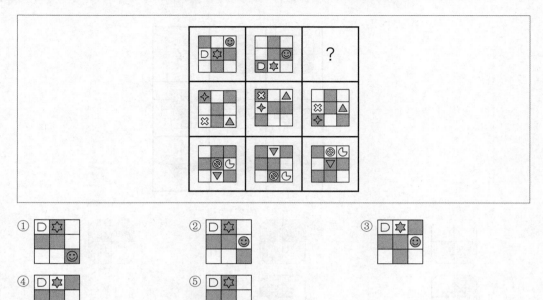

① ② ③

④ ⑤

16 다음에 주어진 도형을 보고 적용된 규칙을 찾아 '?'에 해당하는 적절한 도형을 고르면?

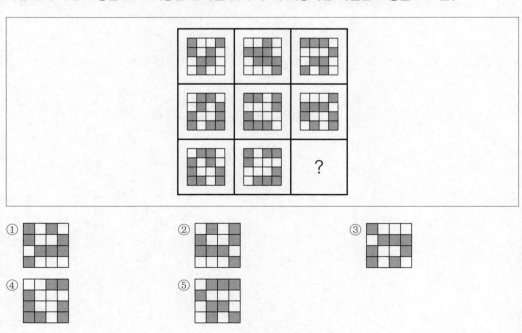

① ② ③

④ ⑤

17 다음에 주어진 도형을 보고 적용된 규칙을 찾아 '?'에 해당하는 적절한 도형을 고르면?

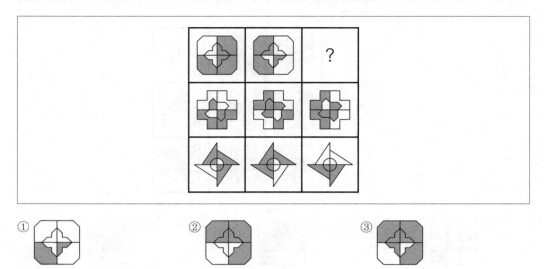

① 　　　② 　　　③

④ 　　　⑤

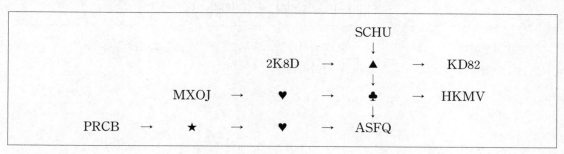

18

$$3719 \rightarrow ♥ \rightarrow ★ \rightarrow (?)$$

① 2642   ② 2640   ③ 2246
④ 5791   ⑤ 0842

19

$$SMHE \rightarrow ▲ \rightarrow ♥ \rightarrow ♣ \rightarrow (?)$$

① FKCQ   ② QLFD   ③ QDFL
④ QKFC   ⑤ KCFQ

20

$$(?) \rightarrow ▲ \rightarrow ★ \rightarrow JW62$$

① 33GX   ② 3X3G   ③ 3G3X
④ 3XG3   ⑤ 3GX3

21

$$(?) \rightarrow ★ \rightarrow ♣ \rightarrow ▲ \rightarrow 8305$$

① 4215   ② 0954   ③ 6510
④ 6611   ⑤ 4196

22 다음 단어 쌍의 관계가 동일하도록 괄호 안에 들어갈 알맞은 단어를 고르면?

기상하다 : 취침하다 = 전진하다 : ( )

① 전행하다   ② 후퇴하다   ③ 후미하다
④ 이행하다   ⑤ 나아가다

23 다음 중 단어 쌍의 관계가 나머지와 <u>다른</u> 것을 고르면?

① 청결 – 오염
② 유죄 – 무죄
③ 부착 – 장착
④ 거짓 – 진실
⑤ 기립 – 착석

24 다음 글의 내용이 참일 경우, 반드시 <u>거짓</u>인 진술을 고르면?

앞으로 반도체 시설에 투자하는 대기업과 중견기업은 투자액 중 15%에 해당하는 액수만큼 세금혜택을 받게 될 것이다. 대기업과 중견기업이 반도체와 백신, 2차 전지 같은 국가전략기술 생산 시설에 투자하는 경우, 세액공제율이 8%에서 15%로 두 배 가까이 상향 조정되는 것이다. 중소기업은 기존 16%에서 25%로 9%P 상향하기로 했다.

이와 별도로 모든 투자증가분에 대한 추가 세액공제율도 올해에 한해 10%로 상향 조정된다. 투자증가분까지 합치면 대기업과 중견기업은 최대 25%, 중소기업은 35%까지 세금을 감면받게 될 예정이다.

또, 국가전략기술이 아닌 경우에도 세제 혜택을 주기로 하였다. 우선 일반 기술의 경우, 현재보다 모두 2%P, 신성장·원천기술은 기업 규모에 따라 3~6%P씩 올리기로 하였다. 지난달 이미 대기업의 국가전략기술 시설에 대한 투자 세액공제율을 기존 6%에서 8%로 올리는 법안이 국회를 통과했다. 정부는 이로 인해 내년 세수가 3조 6,500억 원, 이후에도 1조 3,700억 원 감소할 것이다.

① 올해 중소기업이 받는 세금혜택은 최대 35%이다.
② 국가전략기술 시설과 무관한 기술 투자에 대해서는 세금혜택을 받을 수 없다.
③ 기업들에게 주는 세금혜택으로 인하여 세수는 내년과 그 이후에도 감소할 것이다.
④ 중견기업 A가 반도체 시설에 240억 원을 투자하였다면 30억 원 이상의 세금혜택을 받을 수 있다.
⑤ 앞으로는 대기업 B가 국가전략기술 시설에 1,000억 원을 투자하면 80억 원의 세금혜택을 받을 수 있다.

25 다음 글의 내용이 참일 경우, 반드시 <u>거짓</u>인 진술을 고르면?

순수한 반도체 물질인 규소나 저마늄에 불순물을 첨가하면 저항을 감소시킬 수 있다. 이 과정을 도핑(doping)이라 하는데 전자나 정공의 수를 증가시킴으로써 전도성을 높여 저항을 감소시킨다. 이때 정공의 수를 증가시킨 것이 p형 반도체이며, 전자의 수를 증가시킨 것은 n형 반도체라고 한다.

순수한 반도체에서 정공의 수를 증가시키기 위해서는 불순물인 알루미늄(Al)·붕소(B)·갈륨(Ga)·인듐(In) 등의 3가 원소를 첨가해야 한다. 예를 들어, 순수한 규소 안에 붕소를 첨가하면 이들은 서로 공유결합을 하려고 한다. 그러나 규소의 가전자(가장 바깥 궤도를 도는 전자)가 4개인데 비해 붕소는 3개이므로 공유결합하기 위해서는 가전자 1개가 부족하다. 이때 전자가 부족한 곳이 정공이 되고, 전하 운반체(carrier)는 자유전자보다 양(+, positive)의 전기를 갖는 정공 쪽이 많아지게 된다. 이처럼 반도체는 불순물의 영향에 의해 전기적인 특성이 변하는데 불순물 반도체는 진성 반도체보다 전도성이 높아 반도체 소자로 많이 사용된다.

① 갈륨과 인듐은 3가 원소이다.
② 저마늄에 알루미늄을 첨가하면 저항을 증가시킬 수 있다.
③ 불순물 반도체는 진성 반도체보다 반도체 소자로 많이 사용된다.
④ 두 원소가 공유결합을 하기 위해서는 가전자의 수가 같아야 한다.
⑤ 순수한 반도체 물질에 알루미늄을 첨가하면 p형 반도체를 만들 수 있다.

26 다음 글의 내용이 참일 경우, 반드시 <u>거짓</u>인 진술을 고르면?

2022년 메모리 반도체 시장에 등장해 가장 대표적인 차세대 메모리 기술로 인식되기 시작한 '프로세싱 인 메모리(Processing In Memory)', 줄여서 'PIM'이라고 부르는 이 기술은 사실 1970년대부터 논의되던 개념이다. 현재 우리 주변에 존재하는 대다수의 컴퓨터, 스마트폰, 웨어러블 등의 전자기기는 '폰 노이만(Von Neumann)' 컴퓨팅 구조로 설계돼 있다. 폰 노이만 구조란 연산 기능을 담당하는 중앙처리정치(CPU)를 두뇌로, 그 밑에 임시저장장치인 메모리, 정보를 저장하는 스토리지 등 3개 계층으로 이뤄진 구조를 말한다. 컴퓨팅의 기본 개념을 정의한 폰 노이만 구조는 1945년대 처음 등장한 이후 약 70년 넘게 컴퓨터, 스마트폰, 데이터센터 등 기계연산이 필요한 모든 분야의 골격이 됐다.

하지만 이제는 유효기간이 거의 다 됐다는 평가가 나온다. 데이터가 중앙처리장치(CPU)−메인메모리−스토리지를 이동하는 과정에서 데이터 이동속도가 저하되는, 소위 '폰 노이만 병목현상'이 발목을 잡고 있기 때문이다. 특히 통신 기술의 발달과 데이터, 콘텐츠의 이동량이 기하급수적으로 증가한 최근에는 이런 데이터 병목현상이 기술 진보의 걸림돌이 되고 있다.

여기에 구원투수로 등장한 것이 바로 PIM이다. PIM은 쉽게 말해 '지능을 갖춘 메모리'다. 단순히 데이터를 저장, 기억만 하던 메모리 반도체의 기능을 연산·추론으로 확대한 것이다. CPU 혼자서만 두뇌 역할을 하는 구조에서는 데이터를 처리할 때마다 'CPU−메모리−스토리지' 단계를 오가야 하는 비효율성이 있다. 하지만 PIM 도입과 함께 '중앙집권형' 연산 체계가 분권형으로 바뀌게 되고 데이터 처리의 효율성이 높아질 뿐 아니라 전력효율성도 비약적으로 끌어올릴 수 있다.

① PIM은 메모리 반도체의 기능을 확대하였다.
② PIM을 도입하면 데이터 처리의 효율성을 높일 수 있다.
③ 대다수의 전자기기는 폰 노이만 컴퓨팅 구조로 설계되어 있다.
④ 처리해야 할 데이터의 양이 많아질수록 폰 노이만 병목현상이 심하다.
⑤ 폰 노이만 구조는 약 70년간 메모리 반도체 기술 진보에 걸림돌이었다.

27 다음 글의 내용이 참일 경우, 반드시 <u>거짓</u>인 진술을 고르면?

반도체는 한국 전체 수출액인 520억 달러의 약 20%를 차지하는 단연 1위 수출 품목이다. 그런데 한국 반도체 산업은 공급망과 기술을 둘러싼 국제적 패권 경쟁 속에서 위기를 맞고 있다. 일본 정부와 차세대 2나노미터 반도체 공동개발 등에 합의한 것도 같은 맥락이다. 지난 유럽연합(EU)도 현재 10% 수준인 반도체 자급률을 2030년까지 20% 이상으로 끌어올리기 위한 투자에 나섰다.

한국의 반도체 산업을 돌아보면 우려스럽다. 우선 반도체 인력 부족이 심각하다. 코로나19 이후 반도체 수요가 늘면서 대기업·중소기업 가릴 것 없이 기술개발과 생산 확대를 위한 인재 유치에 나섰지만, 사람을 구하기 어려워졌다. 최근 삼성전자, 인텔, TSMC 등이 투자를 늘리고 있지만 정작 시설을 운영할 인력은 턱없이 부족하기 때문이다. 5G, 사물인터넷, 자율주행차 등 디지털 혁명의 가속화로 반도체 수요가 폭발했지만, 공급이 수요를 따라가지 못하여 반도체 대란이 발생했고, 마침내 미국과 유럽 자동차 공장이 반도체가 없어서 가동을 중단하는 사태가 벌어지기도 하였다. 향후 10년간은 3만 명이 부족할 것으로 예상되며, 지방대학의 교수 채용과 연구장비 확충 등으로 지방대학을 살리는 것이 중요하다. 반도체 생산 공장의 지방 분산으로 지역인재를 활용해야 한다.

① 한국의 반도체 수출액은 약 104억 달러이다.
② 반도체 수요는 증가하였지만, 반도체 공급이 부족한 상황이다.
③ 많은 기업이 반도체 산업 인력난으로 인하여 투자를 축소하고 있다.
④ 지방대학에 반도체 전공 학과를 신설하면 반도체 인력을 확보할 수 있다.
⑤ 한국은 반도체 산업의 경쟁력 강화를 위해 일본과 공동개발에 관한 협약을 맺었다.

28 다음 글에 대해 '문화인류학'의 입장에서 '사회생물학'을 반박한 내용으로 가장 적절한 것을 고르면?

사회생물학은 자연선택이라는 찰스 다윈이 제시한 생물학적 진화론의 개념을 이용하여 인간의 사회적 행위를 설명하고자 하는 이론이다. 즉, 사회생물학은 자연선택의 원리를 기초로 한 다윈의 진화론이 포괄적 적자생존이라는 더 세련된 개념을 갖고 사회생물학이란 이름으로 다시 태어난 것이다. 사회생물학이나 진화론은 다양한 동물 종(種)들의 사회적 행위를 그 개체들 사이에서 이루어진 재생산적 성공의 결과로서 진화해 온 것으로 보고 있다. 이러한 재생산은 유전자 내의 암호의 한 부분이라는 것이다. 궁극적으로 사회생물학은 유전자 중심의 진화론의 연장이다.

반면 문화인류학자들은 문화의 연구는 경험에 기초한 사회과학적 입장에서 행해져야 하며, 살아있는 문화나 사회 속에서 사람들과의 상호 작용이나 관찰, 학습을 통해 축적된 자료를 바탕으로 이론이 전개되어야 한다고 주장한다.

① 경험을 무시하고 실험과 관찰에만 초점을 맞춘다.
② 인간의 문화나 학습 행위의 효과를 무시하고 있다.
③ 인간을 실험 대상으로 삼고 있다는 점에서 비윤리적이다.
④ '진화된 것'으로 명명함으로써 좋지 않은 인간의 행동을 정당화한다.
⑤ 인간과 다른 동물의 행동을 필요에 따라 선택적으로 비교해 설명한다.

29 다음 글과 [보기]를 읽고 추론한 것 중 가장 적절한 것을 고르면?

> 공동소송은 소송 당사자의 수가 여럿이 되는 소송을 말한다. 이는 저마다 개별적으로 수행할 수 있는 소송들을 하나의 절차에서 한꺼번에 심리하고 진행할 수 있도록 배려하는 것으로서, 경제적이고 효율적으로 일괄 구제할 수 있다는 장점이 있다. 하지만 당사자의 수가 지나치게 많으면 한꺼번에 소송을 진행하기에 번거롭다. 그래서 실제로는 대개 공동으로 변호사를 선임하여 그가 소송을 수행하도록 한다. 또한 선정 당사자 제도를 이용할 수도 있는데, 이는 갑과 같은 이를 선정 당사자로 삼아 그에게 모두의 소송을 맡기는 것이다.

┤ 보기 ├

> A 회사의 온라인 취업 사이트에 갑을 비롯한 수만 명의 가입자가 개인 정보를 제공하였다. 그런데 누군가 A 회사의 시스템 관리가 허술한 것을 알고 링크 파일을 만들어 자신의 블로그에 가입자들의 개인 정보를 올렸다. 이를 통해 많은 이들이 가입자들의 정보를 자유롭게 열람하였다. 이 사실을 알게 된 갑은 A 회사에 사이트 운영의 중지와 배상을 요구하였지만 A 회사는 거부하였다. 갑은 소송을 검토하였는데, 받게 될 배상액에 비해 들어갈 비용이 적지 않다는 생각에 망설였다. 갑은 온라인 카페를 통해 소송할 사람들을 모았고 마침내 100명이 넘는 가입자들이 동참하게 되었다. 갑은 이들과 함께 공동소송을 하여 A 회사에 사이트 운영의 중지와 피해의 배상을 청구하였다.

① 공동 소송자의 수가 많아질수록 소송이 더욱 수월해진다.

② A 회사에 대해 공동소송을 제기한 이들은 개인 정보의 판매라는 문제를 공론화하여 경각심을 일깨우고자 하였다.

③ 공동소송은 다수의 피해자가 발생한 사건에서 대표 당사자가 소송을 수행한다는 점에서 공익적 성격을 지닌다.

④ A 회사에 대한 공동소송에서는 소송이 진행되는지 몰라 소송에 참여하지 않았던 피해자들도 배상을 받을 수 있을 것이다.

⑤ 갑은 A 회사의 허술한 운영으로 개인 정보가 계속 유출될 것을 막고, A 회사가 개인 정보를 철저히 관리하지 못한 것에 대한 책임을 묻고자 한다.

30 다음 글과 [보기]를 읽고 추론한 것 중 가장 적절한 것을 고르면?

> 명목 환율은 한 나라의 화폐와 다른 나라 화폐 사이의 교환 비율이다. 환율은 항상 두 가지 방식으로 표시할 수 있다. 만일 환율이 1달러에 80엔이라면 1엔은 80분의 1(0.0125)달러이기도 하다. 만일 환율이 변해서 1달러로 외국 화폐를 더 많이 살 수 있게 되면 달러가 절상되었다고 말한다. 반대로 1달러로 살 수 있는 외국 화폐의 수량이 적어지면 달러가 절하되었다고 말한다.

┤ 보기 ├

> 언론에서 "달러가 강세다.", "달러가 약세다."라는 보도를 할 때도 대개 명목 환율의 변동을 지칭한다. 어느 나라에서든 여러 가지 명목 환율이 존재한다. 미국 달러는 일본의 엔, 영국의 파운드, 멕시코의 페소 등 여러 외국 화폐와 교환할 수 있다. 경제학자들이 말하는 환율은 이러한 많은 환율의 평균치로 이루어진 지수를 의미하는 경우가 많다. 마치 소비자 물가 지수가 어느 경제의 다양한 가격을 '물가 수준'이라는 하나의 지수로 변환하는 것처럼 환율 지수도 다양한 환율을 자국 화폐의 국제적 가치를 나타내는 단일 지표로 변환한다.

① 달러가 절상 또는 절하되어도 자국 통화의 가치는 변하지 않는다.
② 달러가 절상 또는 절하되었다고 말할 때는 화폐 가치의 유동성과 인플레이션을 예상하여야 한다.
③ 달러가 절상 또는 절하되었다고 말할 때는 금리 인상과 밀접한 관계가 있다고 예상할 수 있다.
④ 달러가 절상 또는 절하되었다고 말할 때는 뚜렷한 기준에 의해 환율 변화를 바라볼 필요가 있다.
⑤ 달러가 절상 또는 절하되었다고 말할 때는 여러 가지 개별 환율들을 고려한 환율 지수의 변화를 지칭한다.

SAMSUNG

GSAT

최최종 봉투모의고사

eduwill

2023 최신판

에듀윌 취업
GSAT 삼성직무적성검사
최최종 봉투모의고사

정답과 해설

eduwill

2023 최신판

에듀윌 취업
GSAT 삼성직무적성검사
최최종 봉투모의고사

정답과 해설

정답과 해설

01 최최종 봉투모의고사 1회

수리논리 　　　　　　　　본문 P. 2~15

01	02	03	04	05	06	07	08	09	10
①	③	④	②	②	⑤	④	③	③	③
11	12	13	14	15	16	17	18	19	20
⑤	③	①	⑤	①	②	③	③	①	③

01 응용수리 　　　　　　　　　정답 ①

| 정답풀이 |

재무부 직원 수를 a, 인사부 직원 수를 b, 영업부 직원 수를 c라고 하면 다음과 같은 식을 세울 수 있다.

$a+b+c=180$ 　　　 … ㉠

$c=a+b$ 　　　 … ㉡

$c=2a+10$ 　　　 … ㉢

㉡을 ㉠에 대입하면 $2c=180 \rightarrow c=90$이므로 이를 ㉢에 대입하면 $a=40$이다.

따라서 재무부 직원 수는 40명이다.

02 응용수리 　　　　　　　　　정답 ③

| 정답풀이 |

과장 3명과 사원 2명을 일렬로 세우는 경우의 수는 5! 가지이다. 이때 5명이 원탁에 앉으면 원탁을 돌렸을 때 중복되는 경우가 아래 그림과 같이 5가지 발생하므로 5명이 원탁에 일정한 간격으로 둘러 앉는 경우의 수는 $\frac{5!}{5}=4!=4\times3\times2\times1=24$(가지)이다.

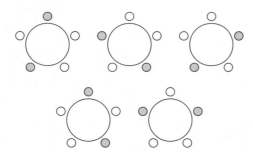

여기서 사원이 이웃하여 앉는 경우의 수는 사원 2명을 1명으로 간주하여 생각하는 것과 같으므로 $\frac{4!}{4}=3!=3\times2\times1=6$(가지)인데 사원 2명이 서로 자리를 바꿀 수 있으므로 사원이 이웃하여 앉는 경우의 수는 $6\times2=12$(가지)이다.

따라서 사원이 서로 이웃하여 앉지 않는 경우의 수는 $24-12=12$(가지)이다.

> 📌 시험장풀이
>
> • n명이 원탁에 일정한 간격으로 둘러 앉을 수 있는 경우의 수는 $\frac{n!}{n}=(n-1)!$이다.
> • 문제에서 제시된 경우를 모두 구하기 어려운 경우에는 위의 해설과 같이 여사건(전체 사건에서 구하고자 하는 사건을 제외한 사건)을 이용하면 문제를 쉽게 해결할 수 있다.

03 자료해석 　　　　　　　　　정답 ④

| 정답풀이 |

산업 사고 건수는 2018년에 250건, 2019년에 450건으로 2019년에 더 많지만 산업 사고에 의한 재산 피해액은 2018년에 900억 원, 2019년에 850억 원으로 2019년에 더 적으므로 산업 사고 건수가 많다고 해서 산업 사고에 의한 재산피해액이 많은 것은 아니다.

| 오답풀이 |

① 2022년 산업 사고 건수는 2018년 대비 $\frac{350-250}{250}\times100=40(\%)$ 증가하였다.

② 산업 사고 건수가 가장 많은 2019년에 인명 피해도 가장 크다.

③ 인명 피해가 산업 사고 건수의 2배 이상인 해는 2019년과 2021년 2개이므로 산업 사고 건수 1건당 인명 피해가 2명 이상인 해는 2개이다.

⑤ 2022년 산업 사고에 의한 재산피해액은 2018년 대비 $900-800=100$(억 원) 감소하였다.

04 자료해석 　　　　　　　　　정답 ②

| 정답풀이 |

㉠ 2022년 재산피해액은 2021년 대비 $\frac{800-600}{600}\times100≒33(\%)$ 증가하였으므로 30% 이상 증가하였다.

© 2018년 산업 사고 1건당 재산피해액은 $\frac{900}{250}$ =3.6(억 원)이므로 3.5억 원 이상이다.

| 오답풀이 |

© 2019년 이후 전년 대비 재산피해액이 가장 적게 변한 해는 50억 원 감소한 2019년이다.

② 2018~2022년 산업 사고에 의한 재산피해액은 연평균 $\frac{900+850+1,200+600+800}{5}$ =870(억 원) 이다.

📝 시험장풀이

② 2021년만 연도별 산업 사고에 의한 재산피해액이 800억 원 미만인데 2020년과 2021년의 재산피해액 평균은 $\frac{1,200+600}{2}$ =900(억 원)이므로 5개년의 산업 사고에 의한 재산피해액은 연평균 800억 원을 초과함을 쉽게 알 수 있다.

05 자료해석   정답 ②

| 정답풀이 |

경제성장률은 2018년에 $\frac{180-150}{150}$ ×100=20(%), 2020년에 $\frac{210-200}{200}$ ×100=5(%)이므로 2020년에 2018년 대비 20-5=15(%P) 더 낮다.

| 오답풀이 |

① GDP 디플레이터는 2020년에 $\frac{180}{210}$ ×100=$\frac{6}{7}$ ×100, 2021년에 $\frac{200}{240}$ ×100=$\frac{5}{6}$ ×100이므로 2021년에 2020년 대비 감소했다.

③ 2021년 명목 GDP는 2018년 대비 $\frac{200-160}{160}$ ×100=25(%) 성장하였다.

④ GDP 디플레이터 공식에 따라 명목 GDP가 실질 GDP보다 크면 100 이상인데, 2022년에는 명목 GDP가 실질 GDP보다 크므로 GDP 디플레이터가 100 이상인 해가 존재한다.

⑤ A 국가의 명목 GDP는 2019년에 2018년 대비 감소했고, 실질 GDP는 2022년에 2021년 대비 성장하지 않았다.

📝 시험장풀이

① 100을 곱하지 않은 분수를 비교하면 분자와 분모의 차가 각각 1로 같다. 이때 분자와 분모의 차가 같으면 분모가 큰 분수가 더 큰 수이므로 GDP 디플레이터는 2020년이 2021년보다 큼을 쉽게 알 수 있다.

06 자료해석   정답 ⑤

| 정답풀이 |

도서관을 이용한 전체 학생 수는 9월에 650명, 10월에 650명, 11월에 400명, 12월에 690명이므로 가장 많은 달은 12월이고, 12월에 도서관을 이용한 전체 학생 수는 690명이다.

| 오답풀이 |

① 12월 도서관을 이용한 여학생 수는 11월 대비 $\frac{240-150}{150}$ ×100=60(%) 증가했다.

② 9월부터 12월까지 남학생은 월평균 $\frac{400+350+250+450}{4}$ =362.5(명) 이용하였으므로 350명 이상 이용하였다.

③ 전체 여학생은 400명이므로 12월에 도서관을 이용한 여학생 비율은 $\frac{240}{400}$ ×100=60(%)이다.

④ 도서관을 이용한 남학생 수가 250명으로 가장 적은 달인 11월에 여학생 수도 150명으로 가장 적다.

07 자료해석   정답 ④

| 정답풀이 |

일반 재산에 해당하는 국유지의 감정가는 지역 C가 지역 B보다 24,000-20,000=4,000(억 원) 더 많다.

| 오답풀이 |

① 인구가 가장 많은 지역은 225,000명의 지역 E이지만, 면적이 가장 넓은 지역은 7,800ha의 지역 A이므로 서로 다르다.

② 행정 재산에 해당하는 국유지의 면적이 가장 넓은 지역은 1,450ha의 지역 C이다.

③ 지역 D의 행정 재산에 대하여 면적당 감정가는 $\frac{22,100}{1,250}$ =17.68(억 원/ha)이므로 20억 원 미만이다.

⑤ 행정 재산에 대한 감정가가 가장 높은 지역은 29,000억 원의 지역 C이고, 일반 재산에 대한 감

정가가 가장 높은 지역은 25,000억 원의 지역 A
이므로 서로 다르다.

③ 지역 D의 행정 재산에 대하여 면적당 감정가가
20억 원 이상이려면 면적에 20을 곱한 값이 감
정가 이상이어야 하는데 계산하면 1,250×
20=25,000>22,100이므로 면적당 감정가는
20억 원 미만임을 쉽게 알 수 있다.

---

08 자료해석   정답 ③

| 정답풀이 |

ⓒ 지역 A, B, D는 지역 C보다 면적은 넓고 인구는
적으므로 인구밀도가 지역 C와 같을 수 없다. 지
역 C와 지역 E의 인구밀도를 구하면 모두 50명/
ha이므로 지역 C와 인구밀도가 같은 지역은 지역
E 1개이다.

ⓒ 인구밀도는 지역 E가 $\frac{225,000}{4,500}=50$(명/ha), 지역

B가 $\frac{130,000}{5,200}=25$(명/ha)이므로 지역 E가 지역

B보다 크다.

| 오답풀이 |

㉠ 지역 A의 인구밀도는 $\frac{140,000}{7,800}≒17.9$(명/ha)이

므로 20명/ha 미만이다.

㉣ 두 지역 D와 E 전체의 면적은 5,400+4,500=
9,900(ha), 인구는 180,000+225,000=
405,000(명)이므로 두 지역 전체의 인구밀도는

$\frac{405,000}{9,900}≒40.9$(명/ha)이다.

---

09 자료해석   정답 ③

| 정답풀이 |

ⓒ 제품 선호도 조사에서 선호도가 가장 높은 제품인
B를 선택한 사람 수는 12,000×0.375=
4,500(명)이므로 4,500명 이상이 선택한 제품은
제품 B 1개이다.

ⓒ 제품 C의 선호도는 10.0%, 제품 E의 선호도는
15.0%이므로 제품 선호도 조사에서 제품 E를 선
택한 사람 수는 제품 C를 선택한 사람 수의 $\frac{15}{10}$

=1.5(배)이다.

| 오답풀이 |

㉠ 제품 D를 선호하는 사람 수가 12,000×0.25=
3,000(명)이므로 이 중 품질을 선호하는 사람은
3,000×0.15=450(명)이다.

㉣ 제품 D를 선호하는 사람 중 서비스와 기타 항목을
선호한다고 한 사람 수는 3,000×(0.3+0.1)=
1,200(명)이고, 제품 선호도 조사에서 제품 C를
선택한 사람 수는 12,000×0.1=1,200(명)이므로
서로 같다.

---

10 자료해석   정답 ③

| 정답풀이 |

기업 A와 기업 B의 2019년 대비 2021년 수출액 증
가율은 다음과 같다.

• 기업 A: $\frac{500-350}{350}×100≒43$(%)

• 기업 B: $\frac{1,500-1,200}{1,200}×100=25$(%)

따라서 2019년 대비 2021년 수출액 증가율은 기업 A
가 기업 B보다 더 크다.

| 오답풀이 |

① 기업 A의 5년간 총수출액은 250+350+150+
500+450=1,700(만 달러)이다.

② 기업 B의 2020년 수출액은 2019년 대비
$\frac{1,350-1,200}{1,200}×100=12.5$(%) 증가하였다.

④ 2019년 이후 기업 B의 수입액 평균은
$\frac{1,500+1,250+1,200+1,600}{4}=1,387.5$(만 달러)

이므로 1,200만 달러 이상이다.

⑤ 기업 A의 무역수지가 흑자인 2019년에 기업 B의
무역수지는 적자이다.

---

11 자료해석   정답 ⑤

| 정답풀이 |

2017년부터 2022년까지 형사사건 처리 현황에서 기
소 처리된 사건 수의 증감 추이는 증가−감소−감
소−증가−감소−감소이고, 불기소 처리된 사건 수
의 증감 추이도 이와 같다.

| 오답풀이 |

① 2021년 민사사건 접수 건수는 2016년 대비
$\frac{3,500-2,100}{3,500}×100=40$(%) 감소하였다.

② 2020년 민사사건 접수 건수는 2019년 대비 $3,200-2,000=1,200$(천 건) 감소하였으므로 120만 건 감소하였다.

③ 2017년부터 2021년까지 민사사건은 연평균 $\dfrac{2,800+2,400+3,200+2,000+2,100}{5}=2,500$(천 건) 접수되었으므로 250만 건 접수되었다.

④ 2016년부터 2022년까지 접수된 형사사건 중 불기소 처분된 사건은 기소 처분된 사건보다 매년 더 많다.

12 자료해석   정답 ③

| 정답풀이 |

기소율은 2018년에 $\dfrac{1,500}{3,200}\times100≒46.9(\%)$, 2020년에 $\dfrac{1,600}{4,000}\times100=40(\%)$이므로 2020년 기소율은 2018년 대비 5%P 이상 감소하였다.

| 오답풀이 |

① 2017년 기소율은 $\dfrac{1,800}{4,200}\times100≒42.9(\%)$이므로 50% 미만이다.

② 2022년 불기소율은 $\dfrac{1,300}{2,800}\times100≒46.4(\%)$이므로 40% 이상이다.

④ 제시된 기간 중 처분 건수가 불기소 건수의 2배인 해는 2017년부터 2020년까지 총 네 번 있었다.

⑤ 제시된 기간 중 기소 건수의 2배가 처분 건수를 초과하는 연도는 없으므로 매년 기소율이 50% 미만이었다.

13 자료해석   정답 ①

| 정답풀이 |

㉠ 2000년 경제활동 참가율은 1990년 대비 $\dfrac{65-60}{65}\times100≒7.7(\%)$ 감소하였다.

㉡ 2010년 K 국가의 15세 이상 인구를 a천 명이라고 하면 $\dfrac{15,000}{a}\times100=80$이 성립하므로 이를 계산하면 a는 18,750(천 명)이다. 즉, 2010년 A 국가의 15세 이상 인구는 1,500만 명 이상이다.

| 오답풀이 |

㉢ 여성 경제활동참가율은 1990년에 $\dfrac{5,000}{8,000}\times100$

$=62.5(\%)$ 2020년에 $\dfrac{6,600}{12,000}\times100=55(\%)$이므로 2020년에 1990년 대비 $62.5-55=7.5(\%P)$ 감소하였다.

㉣ 제시된 기간 중 여성 경제활동인구가 6,600천 명으로 최대인 2020년에 K 국가의 경제활동인구도 16,000천 명으로 최대이다.

✎ 시험장풀이

㉠ 감소율의 분자에 해당하는 경제활동참가율의 차는 $65-60=5(\%P)$이고, 분모에 해당하는 1990년 경제활동참가율은 65%이다. 이때 분모가 100이어야 감소율이 5%인데 분모가 65이므로 감소율은 5%보다 큼을 쉽게 알 수 있다.

14 자료해석   정답 ⑤

| 정답풀이 |

㉢ 2017년 농림어업 생산자산액은 $3,000\times0.04=120$(조 원)이므로 2014년 대비 $\dfrac{120-90}{90}\times100≒33.3(\%)$ 증가하였다. 즉, 30% 이상 증가하였다.

㉣ 2010년 제시된 경제활동 생산자산액 합계에서 광업·제조업 생산자산액이 차지하는 비중은 $\dfrac{405}{1,500}\times100=27(\%)$이다.

| 오답풀이 |

㉠ 2014년 건설업 생산자산액은 2010년 대비 $\dfrac{135-90}{90}\times100=50(\%)$ 증가하였다.

㉡ 2017년 서비스업의 생산자산액 비율은 65%이고, 전체 생산자산액이 3,000조 원이므로 서비스업 생산자산액은 $3,000\times0.65=1,950$(조 원)이다. 즉, 2,000조 원 미만이다.

✎ 시험장풀이

㉠ 2010년 건설업 생산자산액 수치인 90의 절반은 45이고, 2014년 건설업 생산자산액은 $135=90+45$이므로 생산자산액이 50% 증가하였음을 쉽게 알 수 있다.

15 자료해석 정답 ①

| 정답풀이 |

2020년 전체 흡연자 수는 2019년 대비 $\dfrac{14,000-12,500}{12,500}$ $\times 100=12(\%)$ 증가하였다.

| 오답풀이 |

② 2022년 50대 흡연자 수는 2019년 대비 2,250－ 2,000=250(백 명) 증가하였으므로 2만 5천 명 증가하였다.

③ 제시된 기간 중 60대 이상 흡연자 수가 전체 흡연자 수의 10% 미만인 해는 없다.

④ 2021년 50대의 흡연자 수가 전체 흡연자 수에서 차지하는 비율은 $\dfrac{2,470}{13,000}\times100=19(\%)$이므로 20% 미만이다.

⑤ 2020년 이후 흡연자 수의 증감 추이는 20대가 증가－감소－감소, 60대 이상이 감소－증가－유지로 매년 다르다.

> **🔑 시험장풀이**
>
> ④ 2021년 전체 흡연자 수의 20%에 해당하는 수치는 13,000×0.2=2,600(백 명)인데 50대는 2,470백 명이므로 전체에서 50대가 차지하는 비율은 20% 미만임을 쉽게 알 수 있다.

16 자료해석 정답 ②

| 정답풀이 |

ⓒ 2018~2020년 50대 흡연자 수는 연평균 $\dfrac{2,100+2,000+2,800}{3}=2,300$(백 명)이므로 23만 명이다.

ⓒ 2018년 흡연자 수는 20대가 50대보다 2,250－ 2,100=150(백 명) 더 많으므로 15,000명 더 많다.

| 오답풀이 |

㉠ 2022년 30~40대 흡연자 수는 12,000－2,100－ 2,250－1,560=6,090(백 명)이므로 70만 명 미만이다.

㉣ 제시된 기간 중 50대 흡연자 수가 최대인 해는 2020년이고, 60대 이상 흡연자 수가 최대인 해는 2019년이므로 서로 다르다.

17 자료해석 정답 ③

| 정답풀이 |

2018년 제품 A의 판매량은 2016년 대비 $\dfrac{150-80}{80}$ $\times 100=87.5(\%)$ 증가하였으므로 80% 이상 증가하였다.

| 오답풀이 |

① 2020년 제품 A의 판매량은 20만 개이고, 구매자 중 20대는 35%이므로 제품 A를 구매한 20대는 20×0.35=7(만 명)이다.

② 2015년부터 2020년까지 제품 B의 총판매량은 240+180+160+100+60+120=860(천 개)이므로 800천 개 이상이다.

④ 2016년부터 2020년까지 제품 C의 연평균 판매량은 $\dfrac{120+30+200+100+150}{5}=120$(천 개)이므로 12만 개다.

⑤ 2020년 제품 B를 구매한 30대 이하의 비율은 10+5+15+20=50(%)이고, 제품 C를 구매한 30대 이하의 비율은 15+10+20+30=75(%)이므로 각 비율에 해당하는 구매자는 제품 B가 120×0.5=60(천 명)이고, 제품 C가 150×0.75=112.5(천 명)이다. 즉, 제품 B를 구매한 30대 이하의 구매자는 제품 C를 구매한 30대 이하의 구매자보다 적다.

> **🔑 시험장풀이**
>
> ⑤ 2020년 30대 이하의 비율과 제품 판매량 모두 제품 C가 제품 B보다 높으므로 30대 이하의 구매자도 제품 C가 제품 B보다 많음을 쉽게 알 수 있다.

18 자료해석 정답 ③

| 정답풀이 |

2/4분기와 4/4분기의 자료를 화씨온도 공식에 대입하면 다음과 같은 식을 얻을 수 있다.

82.4=28a+b ⋯ ⓐ

39.2=4a+b ⋯ ⓑ

ⓑ×7－ⓐ을 계산하면 7b－b=39.2×7－82.4= 192이므로 b=32이고, 이를 ⓑ에 대입하면 a는 1.8이다.

㉠ 1/4분기 화씨온도는 60.8℉이므로 60.8=1.8× ㉠+32를 계산하면 섭씨온도(㉠)는 16℃이다.

ⓛ 3/4분기 섭씨온도는 15℃이므로 화씨온도는
$1.8 \times 15 + 32 = 59(℉)$이다.
따라서 ㉠은 16, ㉡은 59인 ③이 정답이다.

19 자료해석 정답 ①

| 정답풀이 |

2016년 자동차 총생산량은 $160 + 400 + 120 + 120 = 800$(백 대)이므로 이를 이용하여 자동차별 생산량 비중을 구하면 다음과 같다.

- 버스·승합차: $\dfrac{160}{800} \times 100 = 20(\%)$

- 승용차: $\dfrac{400}{800} \times 100 = 50(\%)$

- 트럭: $\dfrac{120}{800} \times 100 = 15(\%)$

- 기타: $\dfrac{120}{800} \times 100 = 15(\%)$

따라서 옳지 않은 그래프는 ①이다.

20 자료해석 정답 ③

| 정답풀이 |

박테리아 A 개체 수의 전일 대비 증가량은 매일 10마리이므로 박테리아 A의 개체 수는 하루에 10마리씩 증가함을 알 수 있다.

박테리아 B 개체 수의 전일 대비 증가량은 매일 20마리이므로 박테리아 B의 개체 수는 하루에 20마리씩 증가함을 알 수 있다.

이에 따라 5일 후부터 박테리아 A와 박테리아 B의 개체 수는 다음과 같다.

(단위: 마리)

구분	5일 후	6일 후	7일 후	8일 후	9일 후	10일 후	11일 후
A	550	560	570	580	590	600	610
B	500	520	540	560	580	600	620

따라서 박테리아 B의 개체 수가 박테리아 A의 개체 수보다 처음으로 많아지는 시기는 11일 후이다.

추리

01	02	03	04	05	06	07	08	09	10
②	⑤	③	②	④	⑤	④	⑤	①	②
11	12	13	14	15	16	17	18	19	20
④	④	①	①	①	③	④	⑤	②	③
21	22	23	24	25	26	27	28	29	30
①	②	①	③	①	③	④	②	②	③

01 명제 정답 ②

| 정답풀이 |

전제1과 전제2를 고려하면 다음과 같은 벤다이어그램을 그릴 수 있다.

'살 빠짐'이 '10,000보'를 포함하고 있으므로 '10,000보' → '살 빠짐'은 항상 성립한다.

따라서 정답은 ②이다.

🖋 시험장풀이

전제1과 전제2 모두 some 개념이 등장하지 않으므로 삼단논법을 사용하여 문제를 풀 수 있다. 체력이 좋아진다를 '체', 살이 빠지는 것을 '살', 하루에 10,000보 이상 걷는 것을 '10,000'이라고 표시하고 전제1과 전제2를 다시 써보면 다음과 같다.

- 전제1: 체 → 살
- 전제2: 10,000 → 체

전제1과 전제2에서 모두 '체력'이 등장하므로 '체력'이 전제1과 전제2를 연결하는 매개념이다. '체력'을 매개로 전제1과 전제2를 연결하면 '10,000' → '체' → '살'이므로 '10,000' → '살'으로 결론을 내릴 수 있다. 따라서 정답은 ②이다.

02 명제 정답 ⑤

| 정답풀이 |

전제1을 만족하는 벤다이어그램은 [그림1]과 같다.

[그림1]

여기에 전제2를 덧붙인 기본적인 벤다이어그램은 [그림2]와 같이 나타낼 수 있으며, '스마트폰'과 '태블릿'의 공통 영역에 해당하는 색칠된 부분이 반드시 존재해야 한다.

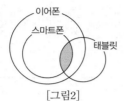

[그림2]

[그림2]에서 매개념 '스마트폰'을 제외한 '이어폰'과 '태블릿' 사이의 관계를 보면, 둘 사이에 뚜렷한 포함 관계가 존재하진 않으나 최소한 색칠한 부분만큼은 공통으로 포함하고 있다는 것을 알 수 있다. 즉, '이어폰'과 '태블릿' 사이엔 반드시 공통영역이 존재한다. 따라서 정답은 ⑤이다.

전제2에 "어떤 ~는 ~이다."라는 some 개념이 있으므로 벤다이어그램을 활용한다. 스마트폰이 있는 사람을 '스', 이어폰을 가지고 있는 사람을 '이', 태블릿을 가지고 있는 사람을 '태'라고 표시하자. some개념이 없는 전제1부터 벤다이어그램으로 표시하면 [그림3]과 같다.

[그림3]

여기에 전제2를 덧붙인 기본적인 벤다이어그램은 [그림4]와 같이 나타낼 수 있으며, '스'와 '태'의 공통영역에 해당하는 색칠된 부분이 반드시 존재해야 한다.

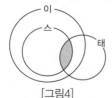

[그림4]

여기서 소거법을 사용하여 정답을 찾아보자. [그림4]를 보면 ①, ②, ④는 옳지 않다는 것을 알 수 있다. 한편 [그림4]의 '스'와 '태' 사이에 공통된 부분이 존재하기만 하면 '태'의 범위를 [그림5]와 같이 더 줄일 수도 있다.

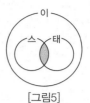

[그림5]

[그림5]를 보면 ③이 옳지 않다는 것을 알 수 있다. 어떠한 경우에도 항상 참인 결론을 골라야 하므로 ①~④는 정답이 될 수 없고 소거법에 의해 ⑤가 정답임을 알 수 있다.

03 명제   정답 ③

| 정답풀이 |

결론의 대우와 전제1의 벤다이어그램은 각각 [그림1], [그림2]와 같다.

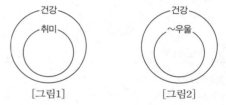

[그림1]   [그림2]

[그림2]의 상태에서 '~우울'이 '취미'를 포함하고 있다면 자연스럽게 [그림1]처럼 '건강'이 '취미'를 포함할 것이다.
따라서 전제2는 '~우울'이 '취미'를 포함하는 명제인 '취미' → '~우울'이 되어야 하므로 정답은 대우 명제인 ③이다.

전제1과 결론 모두 some 개념이 등장하지 않으므로 삼단논법을 사용하여 문제를 풀 수 있다. 우울한 사람을 '우', 건강한 사람을 '건', 취미가 있는 사람을 '취'라고 표시하고 전제1과 결론의 대우를 다시 쓰면 다음과 같다.
• 전제1 : ~우 → 건
• 결론 : 취 → 건
결론이 '취'로 시작하여 '건'으로 끝나고, 전제1이 '건'으로 끝나므로 전제2는 '취'로 시작해야 할 것이다. 이에 따라 전제2를 '취 → ~우'로 두면 전제1과 결합하여 '취 → 건'이라는 결론을 얻을 수 있다.
따라서 '취 → ~우'의 대우 명제인 ③이 정답이다.

| **정답풀이** |

3등과 6등은 파랑팀인데 빨강팀 등수의 총합은 파랑팀 등수의 총합보다 크므로 2등, 4등, 5등이 빨강팀이고, 1등, 3등, 6등이 파랑팀이다. 이때 D와 E의 등수의 합은 6이고, D는 빨강팀, E는 파랑팀이므로 D는 5등이고, E는 1등이다. 여기서 빨강팀인 A는 파랑팀인 B보다 먼저 결승선을 통과했고, C는 3등 또는 6등이므로 A가 2등이면 B는 3등 또는 6등이고, A가 4등이면 B는 6등이다. 마지막으로 F는 빨강팀이다.

1등	2등	3등	4등	5등	6등
파랑팀	빨강팀	파랑팀	빨강팀	빨강팀	파랑팀
	A	B	F		C
E	A	C	F	D	B
	F	C	A		B

따라서 F가 2등이면 B는 6등이다.

| **오답풀이** |

① A가 2등이면 F는 반드시 4등이다.
③ F는 등수와 관계없이 빨강팀이다.
④ B가 3등이면 C는 6등이므로 F는 C보다 먼저 결승선을 통과했다.
⑤ 가능한 경우의 수는 총 3가지이다.

| **정답풀이** |

A는 부장, B와 C는 과장, D와 E는 대리, F는 사원이고, 직급이 같은 직원은 서로 마주 보고 앉아 있으므로 B와 C, D와 E는 각각 서로 마주 보고 앉아 있다. 이때 D의 오른쪽에 앉은 직원은 C이므로 D를 기준으로 그림을 그리면 다음과 같다.

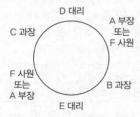

따라서 D와 E 대리의 오른쪽에 앉은 직원은 B와 C 과장이므로 항상 옳다.

| **오답풀이** |

① E의 왼쪽에 F가 앉을 수도 있다.

② F의 왼쪽에 C가 앉을 수도 있다.
③ 가능한 경우의 수는 2가지이다.
⑤ C의 오른쪽에 F가 앉은 것과 상관없이 D의 오른쪽에는 항상 C가 앉았다.

| **정답풀이** |

디자인팀 팀원들은 총 8가지 색깔로 12개의 볼펜을 주문하였고, 각 볼펜은 최대 2개씩 구매 가능하므로 4가지 색은 1개씩, 또 다른 4가지 색은 2개씩 주문했음을 알 수 있다. 주어진 조건에서 확정적인 정보를 정리하면 다음과 같다.

검정	빨강	파랑	초록	주황	노랑	보라	연두	분홍	하늘
		C	A		E				B
					−				B

볼펜 5개의 구매가 확정되었으므로 7개를 추가로 구매해야 하는데, 최소 금액을 사용하려면 가장 저렴한 볼펜부터 2개씩 주문해야 한다. 이에 따라 주황(400원), 검정(500원)을 2개씩 총 4개, 남은 3개를 파랑(600원) 1개와 연두(600원) 2개를 구매하면 최소 금액이다. 하지만 이렇게 구매하면 7가지 색깔을 구매하게 되어 모순이므로 연두색 또는 파란색 볼펜 중 1개를 제외하고 그다음으로 저렴한 700원짜리 빨간색 볼펜을 1개 주문해야 한다.
따라서 볼펜을 구매하는 데 필요한 최소 금액은
$(400 \times 2) + (500 \times 2) + (600 \times 3) + (700 \times 3) + 800 + 1,000 = 7,500$(원)이다.

| **정답풀이** |

강민이는 104호에 배정되고 지연이와 강민이의 방 사이에 1명이 배정되므로 지연이는 102호에 배정된다. 이때 현수의 방 바로 아랫방에 지연이가 배정되므로 현수는 202호에 배정된다.

201호	202호	203호	204호
	현수		
101호	102호	103호	104호
	지연		강민

지우의 방과 은지의 방 사이에는 2명이 배정되므로 둘은 201호와 204호 또는 101호와 104호에 배정되는데 104호에는 강민이가 배정되므로 둘은 201호와

204호에 배정된다. 여기서 정민이와 지우는 다른 층의 방을 사용하므로 정민이는 1층에 배정됨을 알 수 있다.

201호	202호	203호	204호
지우/은지	현수	준식	은지/지우
		동준	
101호	102호	103호	104호
동준/정민	지연	정민/동준	강민
준식/정민		정민/준식	

따라서 지연이와 정민이는 같은 1층에 배정된다.

| 오답풀이 |
① 지우가 204호에 배정되어도 준식이는 2층에 배정될 수 있다.
② 강민이의 방 바로 윗방에는 지우가 배정될 수 있다.
③ 동준이와 준식이는 항상 서로 다른 층에 배정된다.
⑤ 준식이가 2층에 배정될 때 가능한 경우의 수는 지우와 은지가 방을 서로 바꾸는 경우, 동준이와 정민이가 방을 서로 바꾸는 경우 총 $2 \times 2 = 4$(가지)이다.

---

08 조건추리   정답 ⑤

| 정답풀이 |

경수는 승수보다 아래층에, 명수보다 위층에 거주하므로 아래층부터 명수-경수-승수 순으로 살고, 철수는 윤수보다 아래층에, 인수보다 위층에 거주하므로 아래층부터 인수-철수-윤수 순으로 산다. 이때 민수는 1층에 살고, 철수는 2층에 사는데, 철수, 명수, 승수는 서로 다른 층에 살고, 윤수, 경수, 인수는 서로 다른 층에 살므로 가능한 경우는 다음과 같다.

4층			
3층		승수	윤수
2층		경수	철수
1층	민수	명수	인수

4층			윤수
3층		승수	
2층		경수	철수
1층	민수	명수	인수

4층		승수	
3층			윤수
2층		경수	철수
1층	민수	명수	인수

4층		승수	윤수
3층			
2층		경수	철수
1층	민수	명수	인수

4층		승수	윤수
3층		경수	
2층			철수
1층	민수	명수	인수

따라서 승수가 3층에 살면 인수는 1층에 산다.

| 오답풀이 |
① 윤수가 4층에 살면 경수는 2층에 살 수도 있다.
② 가능한 경우의 수는 5가지이다.
③ 민수와 같은 층에 사는 사람은 민수를 포함하여 3명이다.
④ 경수가 사는 층과 관계없이 명수는 항상 1층에 산다.

---

09 조건추리   정답 ①

| 정답풀이 |

6명의 용의자 중 현서의 말에 정보량이 가장 많으므로 현서의 말을 기준으로 생각한다. 만약 현서의 말이 진실이라면 한구와 정수는 둘 다 범인이 아니므로 한구와 정수의 말도 진실이다. 이에 따라 주아와 지우가 범인이므로 주아와 지우의 말은 모두 거짓이고, 선유는 범인이 아니며, 이는 모순이 없다.

주아	지우	현서	선유	한구	정수
×	×	○	○	○	○

따라서 범인 2명은 주아와 지우이다.

---

10 조건추리   정답 ②

| 정답풀이 |

김 과장은 세 번째로 출근했고, 심 사원은 김 과장보다 먼저 출근하였으나 박 차장보다 늦게 출근하였으므로 첫 번째, 두 번째로 출근한 직원은 박 차장, 심 사원이다. 또한 김 과장과 김 사원의 출근 사이에 두 명이 출근하였으므로 김 사원은 여섯 번째로 출근하였다. 이때 이 부장은 홍 대리보다 먼저 출근하였으나 양 주임보다 늦게 출근하였고, 홍 대리는 김 사원의 바로 이전에 또는 이후에 출근하였으므로 일곱 번째로 출근한 직원은 홍 대리가 되어 네 번째, 다섯 번째로 출근한 직원은 양 주임, 이 부장이다. 마지막으로 최 주임은 여덟 번째로 출근하였다.

1	2	3	4	5	6	7	8
박 차장	심 사원	김 과장	양 주임	이 부장	김 사원	홍 대리	최 주임

따라서 가장 늦게 출근한 직원은 최 주임이다.

| 정답풀이 |

A보다 나중에 온 손님은 2명이며, A의 바로 앞에 온 손님은 사과주스를 사지 않았고, A의 바로 뒤에 온 손님은 오렌지주스 또는 사과주스를 사지 않았다. 이때 마지막으로 온 손님은 포도주스를 사지 않았으므로 손님이 온 순서에 따라 가능한 경우는 다음과 같다.

구분	첫 번째	두 번째	세 번째	네 번째
손님		A		
주스	포도, 딸기, 오렌지	포도, 딸기, 오렌지, 사과	포도, 딸기	딸기, 오렌지, 사과

여기서 C의 바로 뒤에 온 사람이 딸기주스를 샀고, 딸기주스를 산 사람 바로 뒤에 온 사람이 존재하며, B가 아니므로 C는 첫 번째로 왔고, 세 번째로 온 손님은 D, 네 번째로 온 손님은 B이다. 이에 따라 두 번째로 온 A가 딸기주스를 샀고, 세 번째로 온 D가 포도주스, 첫 번째로 온 C가 오렌지주스, 네 번째로 온 B가 사과주스를 샀다.

구분	첫 번째	두 번째	세 번째	네 번째
손님	C	A	D	B
주스	오렌지	딸기	포도	사과

따라서 바르게 짝지은 것은 ④이다.

| 정답풀이 |

영국보다 프랑스를 먼저 여행하며, 프랑스에서 영국으로 여행하기 전에 다른 한 나라를 여행하므로 프랑스−(다른 나라)−영국 순으로 여행한다. 이때 스위스는 이탈리아 여행 바로 전이나 후에 여행할 예정이므로 프랑스와 영국 사이에 여행하는 나라는 벨기에이다. 여기서 이탈리아에서 프랑스로 바로 여행하지 않으므로 가능한 경우는 다음과 같다.

1	2	3	4	5
프랑스	벨기에	영국	이탈리아	스위스
			스위스	이탈리아
이탈리아	스위스	프랑스	벨기에	영국

따라서 이탈리아는 두 번째 여행지가 될 수 없다.

| 정답풀이 |

2층에서는 202호만 사용하고, 1층에서는 101호를 포함하여 2개의 방을 사용한다. 이때 투숙할 5개의 방 중 같은 층이면서 이웃한 방은 없으므로 102호는 사용하지 않는다.

301호		302호		303호		304호	
201호	×	202호	○	203호	×	204호	×
101호	○	102호	×	103호		104호	

1층에서 101호를 포함하여 2개 방을 사용하므로 103호와 104호 중 1개의 방만 사용한다. 여기서 짝수 호실 3개, 홀수 호실 2개를 사용하므로 경우를 나누어 생각하면 다음과 같다.

1) 103호를 사용할 경우

301호	×	302호	○	303호	×	304호	○
201호	×	202호	○	203호	×	204호	×
101호	○	102호	×	103호	○	104호	×

2) 104호를 사용할 경우

301호	○	302호	×	303호	×	304호	○
201호	×	202호	○	203호	×	204호	×
101호	○	102호	×	103호	×	104호	○

따라서 가능한 경우의 수는 2가지이다.

| 오답풀이 |

② 104호를 사용할 경우, 3호실 3개를 모두 사용하지 않는다.
③ 104호를 사용할 경우, 짝수 호실 2개를 모두 사용하는 층은 없다.
④ 303호는 사용하지 않으므로 사용 여부를 알 수 있다.
⑤ 304호를 사용하면서 301호를 사용하지 않을 수도 있다.

| 정답풀이 |

B보다 먼저 출근한 직원은 없으므로 첫 번째로 출근한 직원은 B이다. D는 A보다 먼저 출근하였고, E는 D보다 먼저 출근하였으므로 E−D−A 순으로 출근하였다. 이때 F는 E의 바로 전에 출근하였고, C는 A의 바로 다음에 출근하였으므로 출근 순서는 다음과 같다.

1	2	3	4	5	6
B	F	E	D	A	C

따라서 F와 A 사이에 출근한 직원은 E와 D 2명이다.

| 오답풀이 |

② F는 A, C 둘보다 먼저 출근했다.

③ 가장 마지막으로 출근한 직원은 C이므로 A, B, C 중 한 명이다.

④ D의 바로 다음에 출근한 직원은 A이다.

⑤ 가능한 경우의 수는 1가지이다.

15 도형추리 정답 ①

| 정답풀이 |

1열 도형과 2열 도형을 겹쳤을 때, 음영이 겹치는 부분을 1열 도형의 음영에서 제거한 것이 3열 도형이다.

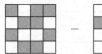 − ➡

겹치는 음영을
1열 도형에서
제거

16 도형추리 정답 ③

| 정답풀이 |

아래 행으로 이동할 때마다 외부 도형과 내부 도형의 음영은 시계 방향으로 1칸 이동한다.

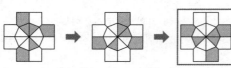

외부, 내부
시계 1칸

외부, 내부
시계 1칸

17 도형추리 정답 ④

| 정답풀이 |

오른쪽 열로 이동할 때마다 내부 도형이 시계 방향으로 90° 회전한다.

내부 시계 90°   내부 시계 90°

18 도식추리 정답 ⑤

| 정답풀이 |

주어진 기호의 규칙은 다음과 같다.

기호	규칙
◆	(+3, +2, +1, +0)
▼	ABCD → BACD
●	(−1, −2, −1, −2)
■	ABCD → DBAC

PEAR → ■ → REPA → ◆ → (UGQA)

📌 **시험장풀이**

다음과 같이 문자표를 일단 적어놓는다.

A	B	C	D	E	F	G	H	I	J	K	L	M
N	O	P	Q	R	S	T	U	V	W	X	Y	Z

주어진 도식을 보면 ◆ → ▼ → ● → ■ 순으로 규칙을 파악해야 한다.

• ◆: TBHN → WDIN으로 추론할 수 있다. 명백한 숫자연산 규칙으로, (+3, +2, +1, +0)이다.

• ▼: GRKB에 ◆을 역으로 적용하면 DPJB이다. 따라서 ▼는 PDJB → DPJB로 추론할 수 있다. 순서 바꾸기 또는 숫자연산 규칙 모두 가능하지만, 숫자연산 규칙이라면 너무 극단적인 덧셈뺄셈이 되어버린다. 따라서 순서 바꾸기 규칙이라고 가정하면, ABCD → BACD이다.

• ●: PBKS에 ▼를 역으로 적용하면 BPKS이다. 따라서 ●는 CRLU → BPKS로 추론할 수 있다. 명백한 숫자연산 규칙으로, (−1, −2, −1, −2)이다.

• ■: TBHN에 ●를 역으로 적용하면 UDIP이다. 따라서 ■는 IDPU → UDIP로 추론할 수 있다. 순서 바꾸기 또는 숫자연산 규칙 모두 가능하지만, 숫자연산 규칙이라면 너무 극단적인 덧셈뺄셈이 되어버린다. 따라서 순서 바꾸기 규칙이라고 가정하면, ABCD → DBAC이다.

따라서 PEAR → ■ → REPA → ◆ → UGQA이므로 정답은 ⑤이다.

19 도식추리 정답 ②

| 정답풀이 |

MASK → ▼ → AMSK → ■ → KMAS → ● → **(JKZQ)**

20 도식추리 정답 ③

| 정답풀이 |

(BTVY) → ● → ARUW → ◆ → DTVW

21 도식추리 정답 ①

| 정답풀이 |

(ISLS) → ◆ → LUMS → ● → KSLQ → ▼ → SKLQ

22 어휘추리 정답 ②

| 정답풀이 |

• 활기차다: 힘이 넘치고 생기가 가득하다.
• 우울하다: 근심스럽거나 답답하여 활기가 없다.
두 단어의 관계는 반의관계이다. '근면하다'는 "꾸준하고 부지런하다."라는 뜻이므로 "행동이 느리고 움직이거나 일하기를 싫어하는 성미나 버릇이 있다."라는 뜻의 '게으르다'와 반의관계이다.
따라서 정답은 ②이다.

| 오답풀이 |

① 성실하다: 정성스럽고 참되다.
③ 근가하다: 좋거나 옳다고 할 정도에 거의 가깝다.
④ 면책하다: 책임이나 책망을 면하다.
⑤ 오만하다: 태도나 행동이 건방지거나 거만하다.

23 어휘추리 정답 ①

| 정답풀이 |

① 신고: 국민이 법령의 규정에 따라 행정 관청에 일정한 사실을 진술·보고함
  보고: 일에 관한 내용이나 결과를 말이나 글로 알림
② 발화: 불이 일어나거나 타기 시작함. 또는 그렇게 되게 함
  진화: 불이 난 것을 끔
③ 광명: 밝고 환함. 또는 밝은 미래나 희망을 상징하

는 밝고 환한 빛
  암흑: 어둡고 캄캄함
④ 한파: 겨울철에 기온이 갑자기 내려가는 현상
  온파: 고온의 기단이 고위도 지방으로 흘러들어 그 계절에 맞지 아니하게 큰 폭의 기온 상승을 일으키는 현상
⑤ 동감: 어떤 견해나 의견에 같은 생각을 가짐
  반감: 반대하거나 반항하는 감정
따라서 ②~⑤는 반의관계이지만, ①은 유의관계이므로 정답은 ①이다.

24 독해추론 정답 ③

| 정답풀이 |

탄소나노튜브와 폴리이미드의 복합섬유의 개발을 통해 탄소나노튜브 기반 탄소섬유의 제조원가를 획기적으로 낮출 수 있게 되었다고 설명하고 있다.

| 오답풀이 |

① 탄소나노튜브 섬유는 탄소나노튜브로만 섬유가 이루어진 '순수 탄소나노튜브'와 고분자 물질이 첨가된 '탄소나노튜브 복합 탄소섬유'로 나뉜다고 설명하고 있다.
② 탄소나노튜브는 강철의 100배 이상 강한 강도를 가지면서 무게는 4분의 1 이하로 가볍고 구리 수준의 높은 전기전도도를 가지는 신소재라고 설명하고 있다.
④ 저가 고분자를 활용함으로써 탄소나노튜브 기반 탄소섬유 제조원가를 획기적으로 낮출 수 있게 되었으며 그동안 가격 문제로 활용되지 못했던 항공 우주, 국방 및 미래 모빌리티 산업에 향후 활용될 수 있을 것이라고 설명하고 있다.
⑤ 탄소나노튜브와 폴리이미드의 복합섬유를 제조한 뒤, 고온 열처리해 강도를 유지하면서 높은 탄성률을 가지는 섬유가 제조됐다고 설명하고 있다.

25 독해추론 정답 ①

| 정답풀이 |

학력은 여전히 중요한 채용 요건이며 지원자의 소프트 스킬을 확인할 수 있는 중요한 지표라고 설명하고 있다. 테크기업 중심으로 대학 졸업 요건을 없앨 뿐이지 대학 졸업이 채용 요건에 전혀 영향을 미치지 않는다고 볼 수는 없다.

②, ④ 코로나 사태를 거치며 비대면 업무가 일반화되고, 코딩 등 실무 능력이 중요한 테크기업 중심으로 학력보다 실력을 기준으로 구직자를 선발하는 비중이 늘고 있다고 했다.
③ 채용 과정에서 학력 철폐 사례가 늘어나는 원인 중 하나는 대학이 제공하는 교육과 기업에서 필요로 하는 능력의 불균형이 심해지기 때문이라고 설명하고 있다.
⑤ 기술을 습득하고 자신의 실력을 객관적으로 증명하고자 하는 수요가 늘어남에 따라 자격증, 온라인 교육, 구직 사이트 등에서도 그에 맞춘 공급을 하기 위한 기업들의 움직임이 활발하다고 설명하고 있다.

26 독해추론 정답 ③

| 정답풀이 |

한국은행이 보유한 자산은 대부분 미 국채임에 따라 작년 역대급 달러 강세로 오히려 환 차익이 생겼다고 했다.

| 오답풀이 |

① 금리가 오르면 국채 가격이 저렴해지면서 손해를 본다고 했다.
② 금리 상승기에 중앙은행이 손해를 입는 것은 불가피한 측면이 있다고 했다.
④ 한국은행이 보유한 자산은 대부분 미 국채이므로 달러에 영향을 받는다. 작년 역대급 달러 강세로 환 차익이 생긴 것도 같은 맥락이다.
⑤ 스위스의 경우 중앙은행이 보유한 채권 대부분이 유로로 표시되는데, 작년에 유로 가치가 급락하면서 자국 화폐로 환산했을 때 막대한 환 손실이 발생했다고 했다.

27 독해추론 정답 ②

| 정답풀이 |

흡연을 오래 한 사람의 뇌는 니코틴에 중독돼 우울증 환자의 뇌 일부처럼 쪼그라들고 위축된다고 설명하고 있으므로 뇌가 팽창하고 커진다는 진술은 거짓이다.

| 오답풀이 |

① 담배가 건강에 해롭다는 것을 알면서도 끊기란 쉽지 않기 때문에 결심 순위도 높고, 포기·실패 순위

도 높은 게 금연이라고 했다. 즉, 흡연을 하는 사람들도 담배가 건강에 해롭다는 것을 인지하고 있다.
③ 흡연을 오래 한 사람의 뇌는 니코틴에 중독돼 우울증 환자의 뇌 일부처럼 쪼그라들고 위축되는데 뇌가 이런 상태가 되면 통제 능력이 떨어진다고 했다.
④ 전문가들은 금연과 흡연이 반복되더라도 금연을 재시도하는 것은 중요하다고 말한다고 했다.
⑤ 금연의 성공은 하루에 피우는 담배의 수를 줄이는 것이 아니라 완전히 끊어야만 한다고 전문가들은 조언한다고 했다.

28 독해추론 정답 ②

| 정답풀이 |

주어진 글의 밑줄 친 부분을 반박하기 위해서는 ChatGPT가 구글에 비해 미흡한 점을 지적해야 한다. 그런데 구글 검색의 개인화는 사용자가 입력한 키워드에 대한 광고에 초점이 맞춰져 있는 것이다. 이는 사용자에게 도움이 되는 개인화라기보다 광고주를 위한 개인화로 구글이 ChatGPT에 비해 불리한 점이라 할 수 있다.

| 오답풀이 |

① ChatGPT는 인공지능 언어 모델이므로 데이터가 쌓이고 그것을 기반으로 답을 찾아준다. 이러한 특성은 최신 정보의 업데이트가 느릴 확률이 높다.
③ ChatGPT는 개발자에 의해 인위적으로 만들어지는 알고리즘이므로 항상 조작의 위험에 노출되어 있다. 구글의 경우 검색 순위 정도는 조작할 수는 있지만 웹페이지 모두를 인위적으로 통제할 수 없다. ChatGPT는 상업적, 정치적, 외교적 목적 등 다양한 원인으로 조작될 가능성이 있다.
④ ChatGPT는 검색 결과를 스크립트로 제시하므로 시각적인 사진이나 영상 정보를 제공하지 못한다.
⑤ ChatGPT는 강화학습을 바탕으로 답변을 제공하므로 학습된 데이터가 적다면 잘못된 답변을 제공할 수 있다. 반면 구글은 사용자가 정보의 옳고 그름을 스스로 판단하므로 적절한 반론으로 볼 수 있다.

29 독해추론 정답 ②

| 정답풀이 |

주어진 글을 보면 코로나 기간에 저소득층보다 고소득층의 순자산이 더 줄어들었으며 임금의 인상 폭도 더 적었음을 알 수 있다. 그리고 [보기]에도 고소득층

이 저소득층에 비해 경기 둔화에 민감하게 반응하고 있음을 알 수 있다. 이 두 글을 통해 이번 인플레이션은 과거와는 다르게 저소득층보다 고소득층에 더 큰 타격을 입힐 것이라는 추론을 할 수 있다.

| 오답풀이 |

① 저소득층 근로자들을 더 많이 고용하는 산업들의 인력난이 심해 당분간 이런 추세가 이어질 가능성이 높다고 설명하고 있다.

③ 올해 미국의 경기 침체는 저소득층보다 고소득층에 더 타격을 입혔다. 이는 소득의 불균형 측면에서는 긍정적인 영향을 줄 수 있다.

④ 주어진 글과 [보기]에서는 추론할 수 없는 내용이다.

⑤ 이번 인플레이션은 이전의 인플레이션과 다르게 너무 강력하여 중앙은행이 금리를 쉽게 인하할 여지가 없으므로 고소득층의 입장에서는 이들의 자산이 감소한 상태에서 회복될 기미가 보이지 않게 되었으므로 고소득층이 저소득층보다 소득 회복이 빠르다고 추론하기는 어렵다.

30 독해추론　　　　　　　정답 ③

| 정답풀이 |

기후변화로 인한 유기탄소의 매장량이 감소하는 까닭은 식물 플랑크톤이 아니라 미생물 대사활동의 증가로 인한 것이다. 식물 플랑크톤은 유기탄소를 합성한다.

| 오답풀이 |

① 유기탄소의 매장량 및 플랑크톤의 증가 등 해양은 민감하게 지구의 기후 시스템에 반응한다.

② 지구온난화는 바다의 표층부 온도를 높이면서 바다를 성층화시켜 심층부의 영양염이 표층부에 도달하는 것을 방해한다. 이는 바다 표층에 주로 사는 플랑크톤의 먹이를 줄이는 것이다.

④ 여러 예상과 다르게 바다 식물 플랑크톤은 신진대사 전략을 바꿈으로써 바다 표층부의 수온 상승에도 불구하고 생산성이 증가되었다고 했다. 이를 통해 미생물이 늘어나서 유기탄소 매장량이 줄어들더라도 바다 식물 플랑크톤이 합성하는 유기탄소의 양은 증가하고 이는 바다 식물 플랑크톤이 기후변화로부터 해양 생태계의 피해를 막는 방어막 역할을 할 것으로 추론할 수 있다.

⑤ 식물 플랑크톤은 광합성을 통해 바다 생물의 먹이인 유기탄소를 합성하고, 인류 호흡에 필요한 산소를 내놓으므로 생산성이 강화되면 이러한 것들을 충분히 제공할 것으로 추론할 수 있다.

02 최최종 봉투모의고사 2회

수리논리　　　　　　　본문 P. 2~15

01	02	03	04	05	06	07	08	09	10
④	②	②	①	③	③	②	④	④	①
11	12	13	14	15	16	17	18	19	20
③	⑤	⑤	①	②	②	①	④	⑤	③

01 응용수리　　　　　　　정답 ④

| 정답풀이 |

A 제품과 B 제품의 2월 판매량을 각각 a, b라고 하면 다음과 같은 식을 세울 수 있다.

$a+b=90$ ⋯ ㉠

$0.7a+1.2b=88$ ⋯ ㉡

이에 따라 $0.7 \times$ ㉠ $-$ ㉡을 계산하면 $a=40$, $b=50$이다.

따라서 A 제품의 2월 판매량은 40개이다.

02 응용수리　　　　　　　정답 ②

| 정답풀이 |

총 8명 중에서 3명을 뽑는 전체 경우의 수는 $_8C_3=\dfrac{8\times7\times6}{3\times2\times1}=56$(가지)이다. 이때 3명 중 40대 1명을 뽑는 경우의 수는 40대를 제외한 20대와 30대에서 2명을 뽑는 경우의 수와 같다. 20대와 30대는 총 7명이므로 7명 중 2명을 뽑는 경우의 수는 $_7C_2=\dfrac{7\times6}{2\times1}=21$(가지)이다.

따라서 40대 1명이 포함될 확률은 $\dfrac{21}{56}=\dfrac{3}{8}$이다.

03 자료해석　　　　　　　정답 ②

| 정답풀이 |

매출총이익은 2018년에 $300+150=450$(억 원), 2019년에 $350+300=650$(억 원), 2020년에 $450+200=650$(억 원), 2021년에 $400+350=750$(억 원), 2022년에 $420+280=700$(억 원)이므로 2020년과 2022년에는 전년 대비 증가하지 않았다.

| 오답풀이 |

① 그래프 하단의 주석에 따르면 매출액은 판매관리비, 매출원가, 영업이익의 합이므로 그래프의 길이와 같다. 따라서 매출액이 가장 큰 해는 2021년이다.

③ 2022년 매출원가는 4년 전인 2018년 대비 $\frac{200-120}{120} \times 100 ≒ 67(\%)$ 증가하였으므로 60% 이상 증가하였다.

④ 매출총이익은 2019년에 $350+300=650$(억 원), 2021년에는 $400+350=750$(억 원)이므로 2021년에 2019년 대비 $750-650=100$(억 원) 증가하였다.

⑤ 판매관리비가 450억 원으로 가장 많은 해인 2020년에 매출액은 $450+160+200=810$(억 원)이므로 800억 원 이상이다.

---

04 자료해석   정답 ①

| 정답풀이 |

㉠ 2019년 매출액이 $350+150+300=800$(억 원)이므로 영업이익률은 $\frac{300}{800} \times 100 = 37.5(\%)$이다. 즉, 40% 미만이다.

㉢ 매출원가는 2018년부터 2022년까지 120억 원, 150억 원, 160억 원, 180억 원, 200억 원으로 매년 증가했다.

| 오답풀이 |

㉡ 2021년 매출액이 $400+180+350=930$(억 원)이므로 영업이익률은 $\frac{350}{930} \times 100 ≒ 37.6(\%)$이다. 즉, 40% 미만이다.

㉣ 제시된 기간 중 영업이익이 최대인 해는 350억 원인 2021년이다.

---

05 자료해석   정답 ③

| 정답풀이 |

경상남도와 전라남도의 일일 생활폐기물 총발생량 평균은 $\frac{3,600+1,700}{2}=2,650$(t)이다.

| 오답풀이 |

① 전라남도에서 재활용 분리배출한 일일 생활폐기물은 $1,700 \times 0.11=187$(t)이다.

② 충청남도의 일일 생활폐기물 총발생량의 4배는 $2,300 \times 4=9,200$t으로 경기도의 9,500t보다 적으므로 경기도가 충청남도의 4배 이상이다.

④ 일일 생활폐기물이 가장 많은 경기도의 재활용 분리배출 비율은 제시된 지역 중 네 번째로 높으므로

일일 생활폐기물 총발생량과 재활용 분리배출 비율은 비례하지 않는다.

⑤ 일일 생활폐기물 총발생량 중 재활용 분리배출 비율이 가장 높은 지역인 충청남도와 가장 낮은 지역인 전라남도의 비율 차는 $27-11=16(\%P)$이다.

---

06 자료해석   정답 ③

| 정답풀이 |

제시된 기간 중 전기 화재 부상자 수가 사망자 수의 10배 이상인 해는 2016년과 2019년인데 두 해의 전기 화재 사망자 수 대비 부상자 수는 2016년에 $280 \div 25=11.2$, 2019년에 $300 \div 20=15$이므로 2019년이 가장 크다.

| 오답풀이 |

① 2020년 전기 화재 건수는 2017년 대비 $7,245-6,960=285$(건) 증가하였으므로 300건 미만 증가했다.

② 2020년 전기 화재 사망자 수는 2019년 대비 $\frac{35-20}{20} \times 100=75(\%)$ 증가하였으므로 60% 이상 증가하였다.

④ 2017년부터 2018년까지 전기 화재 부상자 수는 전년 대비 매년 감소하였지만, 사망자 수는 2017년에 2016년 대비 증가하였다.

⑤ 전체 화재 건수 중 전기 화재 건수가 차지하는 비중은 2016년에 $\frac{7,350}{42,000} \times 100=17.5(\%)$이므로 20% 미만이다.

> ✎ **시험장풀이**
>
> ② 2019년 전기 화재 사망자 수가 60% 증가한 수치는 $20 \times 1.6=32$(명)인데 2020년의 수치인 35명보다 적으므로 2020년에 2019년 대비 60% 이상 증가했음을 쉽게 알 수 있다.
>
> ⑤ 2016년 전체 화재 건수의 20%는 $42,000 \times 0.2=8,400$(건)이므로 7,350건의 전기 화재 건수는 전체 화재 건수의 20% 미만임을 쉽게 알 수 있다.

---

07 자료해석   정답 ②

| 정답풀이 |

2020년 매출액은 제품 C가 $180 \times 1,800=324,000$(천 원), 제품 D가 $1,000 \times 300=300,000$(천 원)이므

로 제품 C의 매출액이 제품 D의 매출액보다 크다.

| 오답풀이 |

① 2021년 제품 E의 매출액은 $800 \times 500 = 400,000$ (천 원)이므로 4억 원이다.

③ 2019년 제품 A~E의 총판매량은 $150 + 350 + 150 + 800 + 600 = 2,050$(천 개)이므로 205만 개다. 즉, 200만 개 이상이다.

④ 제시된 기간에 매년 판매량이 가장 적은 두 제품인 A와 C의 2018~2021년 총판매량을 구하면 제품 A가 $120 + 150 + 200 + 210 = 680$(천 개)이고, 제품 C가 $200 + 150 + 180 + 200 = 730$(천 개)이므로 총판매량이 가장 적은 제품은 A이다.

⑤ 2019년 제품 D의 판매량은 2018년 대비 $\frac{1,200 - 800}{1,200} \times 100 = 33.3(\%)$ 감소하였다.

✎ 시험장풀이

④ 제품 A와 제품 C의 판매량을 연도별로 비교하면 총판매량을 쉽게 비교할 수 있다. 2019년은 판매량이 같으므로 제외하고, 2018년에는 제품 C가 $200 - 120 = 80$(천 개) 더 많고, 2020년과 2021년에는 제품 A가 $(200 - 180) + (210 - 200) = 30$(천 개) 더 많으므로 2018~2021년 총판매량은 제품 A가 제품 C보다 $80 - 30 = 50$(천 개) 더 적음을 쉽게 알 수 있다.

08 자료해석   정답 ④

| 정답풀이 |

㉠ 2020년 수출액은 2017년 대비 $\frac{180 - 135}{135} \times 100 = 33(\%)$ 증가하였으므로 30% 이상 증가하였다.

㉡ 제시된 기간에 G 국가의 무역수지가 흑자인 해는 2016년, 2019년, 2020년 세 개이고, 나머지 네 개의 해는 적자이므로 적자인 해가 더 많다.

㉣ 2021년 수입품목에서 반도체 및 기술이 차지하는 비중은 2020년 대비 $31.5 - 24.5 = 7.0(\%P)$ 증가하였다.

| 오답풀이 |

㉢ 2017년부터 2021년까지 수입액 평균은 $\frac{150 + 135 + 120 + 125 + 160}{5} = 138$(천억 원)이므로 150천억 원 이하이다.

✎ 시험장풀이

㉠ 2017년 수출액의 30% 증가한 수치는 $135 \times 1.3 = 175.5$(천억 원)인데 2020년의 수출액인 180천억 원보다 적으므로 2020년에 2017년 대비 30% 이상 증가했음을 쉽게 알 수 있다.

09 자료해석   정답 ④

| 정답풀이 |

2021년 수입 비중은 기타 항목이 24.5%, 농축산품의 3배는 $7.5 \times 3 = 22.5(\%)$이므로 기타 항목이 농축산품의 3배 이상이다.

| 오답풀이 |

① 2021년 공산품 수입액은 $160 \times 0.125 = 20$(천억 원)이다.

② 2020년 철강 및 원재료 수입액은 $125 \times 0.2 = 25$(천억 원)이다. 즉 2.5조 원이므로 3조 원 미만이다.

③ 2021년 수입 비중이 가장 큰 품목은 31.5%인 반도체 및 기술이다.

⑤ 제시된 기간 중 수출액이 180천억 원으로 최대인 2020년에 수입액은 125천억 원이므로 15조 원 미만이다.

10 자료해석   정답 ①

| 정답풀이 |

㉠ 2020년 경환자 수는 4,060명이고 중환자 수의 4배는 $976 \times 4 = 3,904$(명)이므로 2020년 경환자 수는 중환자 수의 4배 이상이다.

㉡ 교통사고 부상자 수는 2016년에 $1,126 + 4,223 = 5,349$(명)으로 가장 많다.

㉢ 2016년 중환자 수는 2015년 대비 $1,126 - 906 = 220$(명) 증가하였다.

| 오답풀이 |

㉣ 제시된 기간 중 경환자 수가 최대인 해는 4,223명인 2016년이다.

✎ 시험장풀이

㉠ 2020년 중환자 수는 1,000명 미만인데 경환자 수는 1,000명의 4배인 4,000명 이상이므로 중환자 수의 4배는 경환자 수보다 적음을 쉽게 알 수 있다.

ⓒ 중환자 수와 경환자 수 모두 2016년에 가장 많으므로 중환자 수와 경환자 수의 합인 교통사고 부상자 수도 2016년에 가장 많음을 쉽게 알 수 있다.

11 자료해석   정답 ③

| 정답풀이 |

제시된 경상지수 품목 중 취미용품은 2019년 이후 경상지수가 매년 전년 대비 증가했다.

| 오답풀이 |

① 2020년 가구의 불변지수는 $160 \times 1.2 = 192$이다.
② 2019년 불변지수는 승용차가 가전제품보다 $160 - 120 = 40$ 더 높다.
④ 제시된 경상지수 품목 중 2021년 경상지수가 2018년 대비 감소한 품목은 화장품이 유일하다.
⑤ 제시된 불변지수 품목 중 2018년 대비 2021년 불변지수가 가장 많이 증가한 품목은 $200 - 150 = 50$ 증가한 승용차이다.

12 자료해석   정답 ⑤

| 정답풀이 |

ⓒ 2018년부터 2021년까지 승용차의 불변지수 평균은 $\frac{150 + 160 + 150 + 200}{4} = 165$이다.
ⓔ 2020년 통신기기 및 컴퓨터의 불변지수는 2019년 대비 $\frac{100 - 90}{100} \times 100 = 10(\%)$ 감소하였다.

| 오답풀이 |

ⓐ 2020년 취미용품의 불변지수는 $150 \times 1.2 = 180$이다.
ⓑ 2021년 불변지수는 가전제품이 130, 의복이 $100 \times 1.2 = 120$이므로 가전제품이 의복보다 $130 - 120 = 10$ 더 높다.

13 자료해석   정답 ⑤

| 정답풀이 |

제시된 기간에 연도별 세 종교의 신자 수 비율이 높은 순위는 매년 B−C−A 순이므로 일정하다.

| 오답풀이 |

① 종교 B의 신자 수 비율은 2018년에 전년 대비 증가하였으므로 매년 감소하지는 않았다.
② 2019년 신자 수 비율은 종교 A가 종교 C보다 $\frac{15.1 - 12.1}{12.1} \times 100 ≒ 24.8(\%)$ 더 작다.
③ 2016년 종교 A의 신자 수 비율은 2015년 대비 $\frac{11.0 - 10.5}{10.5} \times 100 ≒ 4.8(\%)$ 증가하였으므로 10% 미만 증가하였다.
④ 제시된 기간 중 종교 C의 신자 수 비율이 15% 이상인 해는 2015년과 2019년 2개이므로 3개 미만이다.

✎ 시험장풀이

② 종교 A와 종교 C의 신자 수 비율은 모두 100% 미만이고, 신자 수 비율은 종교 C가 종교 A보다 $15.1 - 12.1 = 3(\%P)$ 더 크므로 %로 비교하면 3% 이상 더 큼을 쉽게 알 수 있다. 여기서 %는 증감률을 나타내는 단위이고, %P는 백분율의 증감량을 나타내는 단위이다.
③ 2016년 종교 A의 신자 수 비율이 2015년 대비 10% 증가했다면 $10.5 \times 0.1 = 1.05(\%P)$ 증가했겠지만 실제로는 $11.0 - 10.5 = 0.5(\%P)$ 증가했으므로 10% 미만 증가했음을 쉽게 알 수 있다.

14 자료해석   정답 ①

| 정답풀이 |

대구의 인구 1명당 주택 수는 $\frac{1,000}{2,400} ≒ 0.4$(호)이므로 0.5호 미만이다.

| 오답풀이 |

② 인천의 인구 1명당 주택 수는 $\frac{1,110}{3,000} = 0.37$(호)이므로 0.4호 미만이다.
③ 주택 수는 대전이 울산보다 $605 - 465 = 140$(천 호) 더 많으므로 140,000호 더 많다.
④ 대전이 울산보다 주택 수는 많지만 인구수는 같으므로 옳지 않다.
⑤ 제시된 지역 중 인구수가 가장 적은 지역은 1,500천 명의 광주이다.

15 자료해석 정답 ②

| 정답풀이 |

2021년 자전거 주차장 개수가 2020년 대비 가장 많이 증가한 도시는 $820-760=60$(개소) 증가한 대전광역시이다.

| 오답풀이 |

① 2019년 자전거 주차장 개수는 대구광역시가 인천광역시보다 $1,600-530=1,070$(개소) 더 많다.
③ 주요 도시 중 대전광역시를 제외한 도시는 적어도 1개의 연도에서 전년 대비 자전거 전용도로 길이가 감소했지만 대전광역시는 매년 자전거 전용도로 길이가 증가했다.
④ 2018년 울산광역시의 자전거 전용도로 길이는 2017년 대비 $124-66=58$(km) 증가하여 다른 주요 도시 대비 가장 많이 증가하였다.
⑤ 주요 도시 중 2017년 자전거 주차장 개수가 5,200개소로 가장 많은 도시인 서울특별시의 자전거 전용도로 길이는 114km이므로 100km 이상이다.

16 자료해석 정답 ②

| 정답풀이 |

㉠ 2021년 부산광역시의 자전거 전용도로 1km당 자전거 주차장 개수는 $\frac{1,080}{45}=24$(개소)이므로 20개소 이상이다.
㉢ 인천광역시의 2017년 자전거 주차장 개수의 3배인 $360 \times 3=1,080$(개소)는 2021년 1,120개소보다 적으므로 2021년에 2017년 대비 3배 이상으로 증가했다.

| 오답풀이 |

㉡ 2021년 부산광역시의 자전거 전용도로 길이는 2017년 대비 49km에서 45km로 감소하였다.
㉣ 2017년과 2018년만 비교해도 주요 도시 중 자전거 주차장 개수가 두 번째로 많은 도시는 2017년에 광주광역시, 2018년에 대구광역시로 서로 다르다.

17 자료해석 정답 ①

| 정답풀이 |

초미세먼지 농도는 칠레가 멕시코보다 $24.9-20.3=4.6(\mu g/m^3)$ 더 높으므로 $20\mu g/m^3$ 미만 더 높다.

| 오답풀이 |

② 초미세먼지 노출 인구 비중은 한국이 55.1%이고, 이스라엘의 5배는 $10.6 \times 5=53.0(\%)$이므로 한국이 이스라엘의 5배 이상이다.
③ 초미세먼지 농도와 노출 인구 비중이 모두 상위 5개국에 속하는 나라는 한국, 칠레, 멕시코, 폴란드 총 4개국이다.
④ OECD 초미세먼지 농도 상위 5개국의 초미세먼지 농도는 모두 $20\mu g/m^3$ 이상이므로 평균도 $20\mu g/m^3$ 이상이다.
⑤ 한국과 칠레만 비교하더라도 초미세먼지 농도는 칠레가 한국보다 더 높지만, 초미세먼지 노출 인구 비중은 칠레가 한국보다 더 낮다.

18 자료해석 정답 ④

| 정답풀이 |

1차 실험의 수치를 주어진 식에 대입하면
$24=\frac{30+12}{a}+3$이므로 이를 계산하면 $a=2$이다.
㉠ 3차 실험에서 월별 증식 개체 수는 19마리이므로 $19=\frac{30+㉠}{2}+3$을 계산하면 초기 개체 수(㉠)는 2마리이다.
㉡ 2차 실험에서 초기 개체 수는 8마리이므로 $\frac{30+8}{2}+3$을 계산하면 월별 증식 개체 수(㉡)는 22마리이다.
따라서 ㉠은 2, ㉡은 22인 ④가 정답이다.

19 자료해석 정답 ⑤

| 정답풀이 |

2020년 30대 남성 및 여성의 2010년 대비 알코올 섭취량 증가율은 30대 남성이 $\frac{260-220}{220}\times 100 ≒ 18.2(\%)$, 30대 여성이 $\frac{210-200}{200}\times 100=5(\%)$이므로 적절하지 않은 그래프이다.

| 오답풀이 |

①, ② 제시된 자료와 그래프의 수치가 일치한다.
③ 2020년 20대 남성 및 여성의 2010년 대비 알코올 섭취량 증가율은 20대 남성이 $\frac{240-180}{180}\times 100 ≒ 33.3(\%)$, 20대 여성이 $\frac{150-120}{120}\times 100=25(\%)$이다.

④ 연령대별로 조사한 남성과 여성의 수는 같으므로 2020년 연령대별 평균 알코올 섭취량은 20대가 $\dfrac{240+150}{2}=195(g)$, 30대가 $\dfrac{260+210}{2}=235(g)$, 40대가 $\dfrac{270+160}{2}=215(g)$, 50대가 $\dfrac{230+120}{2}=175(g)$이다.

20 자료해석   정답 ③

| 정답풀이 |

2022년 4월부터 7월까지 전월 대비 변화한 CD의 음반 판매량을 구해보면 음반 판매량이 매월 6,000장씩 증가했음을 알 수 있다.

마찬가지로 전월 대비 변화한 LP의 음반 판매량을 구해보면 음반 판매량이 매월 2,000장씩 증가했음을 알 수 있다.

이에 따라 2022년 8월 이후 CD와 LP의 음반 판매량을 구하면 다음과 같다.

(단위: 장)

구분	8월	9월	10월	11월	12월	23년 1월
CD	46,000	52,000	58,000	64,000	70,000	76,000
LP	17,000	19,000	21,000	23,000	25,000	27,000
합	63,000	71,000	79,000	87,000	95,000	103,000

따라서 CD와 LP의 음반 판매량 합이 처음으로 100,000장을 초과하는 시기는 2023년 1월이다.

✎ 시험장풀이

CD와 LP 판매량 모두 매월 일정하게 증가하므로 합도 일정하게 증가한다. 이를 이용하면 합은 6,000+2,000=8,000(장)씩 증가하므로 CD와 LP의 월별 음반 판매량을 구한 뒤 더하지 않고도 CD와 LP의 월별 판매량 합을 계산할 수 있어 더욱 빠르게 답을 구할 수 있다.

추리   본문 P. 16~31

01	02	03	04	05	06	07	08	09	10
②	③	①	③	③	③	①	⑤	⑤	⑤
11	12	13	14	15	16	17	18	19	20
⑤	③	④	⑤	②	⑤	⑤	①	②	⑤
21	22	23	24	25	26	27	28	29	30
③	④	⑤	③	④	④	②	④	②	③

01 명제   정답 ②

| 정답풀이 |

전제1을 만족하는 벤다이어그램은 [그림1]과 같다.

[그림1]

여기에 전제2를 덧붙인 일반적인 벤다이어그램은 [그림2]와 같이 나타낼 수 있으며, '꽃'과 '~시듦'의 공통영역에 해당하는 색칠된 부분이 반드시 존재해야 한다.

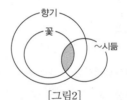

[그림2]

[그림2]에서 '향기'와 '~시듦' 사이의 관계를 보면, 최소한 색칠된 부분만큼은 공통으로 포함하고 있다는 것을 알 수 있다. 즉, '향기'와 '~시듦' 사이엔 반드시 공통영역이 존재한다.

따라서 정답은 ②이다.

✎ 시험장풀이

전제2에 "어떤 ~은 ~이다."라는 some 개념이 있으므로 벤다이어그램을 활용한다. 꽃을 '꽃', 향기를 '향', 시드는 것을 '시'라고 표시하자. 우선 전제1을 만족하는 벤다이어그램은 [그림3]과 같다.

[그림3]

여기에 전제2를 덧붙인 기본적인 벤다이어그램은 [그림4]와 같이 나타낼 수 있으며, '꽃'과 '~시'의 공통영역에 해당하는 색칠된 부분이 반드시 존재해야 한다.

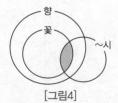

[그림4]

여기서 소거법을 사용하여 정답을 찾아보면, [그림4]를 통해 ①, ③, ④는 옳지 않다는 것을 알 수 있다. 한편 [그림4]의 색칠된 부분이 존재하기만 하면 '~시'의 범위를 [그림5]와 같이 더 줄일 수도 있다.

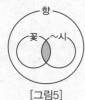

[그림5]

[그림5]를 통해 ⑤를 소거할 수 있다. 반면 ②의 경우 '~시'의 범위를 아무리 변형해도 항상 참이므로 정답은 ②이다.

---

02 명제   정답 ③

| 정답풀이 |

전제1을 만족하는 벤다이어그램은 [그림1]과 같다

[그림1]

여기에 전제2를 덧붙인 벤다이어그램은 [그림2]와 같으며 '피아노'와 '노래'의 공통영역에 해당하는 색칠된 부분이 반드시 존재해야 한다.

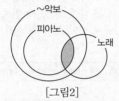

[그림2]

[그림2]에서 매개념 '피아노'를 제외한 '~악보'와 '노래'의 관계를 보면, 최소한 색칠된 부분만큼은 공통으

로 포함하고 있다는 것을 알 수 있다. 즉, '~악보'와 '노래' 사이에 반드시 공통영역이 존재한다.
따라서 정답은 ③이다.

✎ **시험장풀이**

전제2에 "~중에 ~이 있다."라는 some 개념이 있으므로 벤다이어그램을 활용한다. 피아노를 연주하는 사람을 '피', 악보를 보는 사람을 '악', 노래를 잘 부르는 사람을 '노'라고 표시하자. some 개념이 없는 전제1부터 벤다이어그램으로 표현하면 [그림3]과 같다.

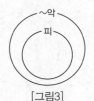

[그림3]

여기에 전제2를 덧붙인 기본적인 벤다이어그램은 [그림4]와 같이 나타낼 수 있으며, '피'와 '노'의 공통영역에 해당하는 색칠된 부분이 반드시 존재해야 한다.

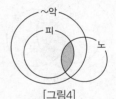

[그림4]

[그림4]를 보면 ②, ④를 소거할 수 있다. 한편 [그림4]의 색칠된 부분이 존재하기만 하면 '노'의 범위를 [그림5]와 같이 더 늘리거나 [그림6]과 같이 더 줄일 수도 있다.

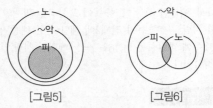

[그림5]   [그림6]

[그림5]의 경우 피아노를 연주하는 사람은 모두 노래를 잘 부르는 것이 되었지만, some 개념은 all 개념을 포함하므로 전제2를 위배하는 것은 아니다. [그림5]의 경우 ⑤가 옳지 않으며, [그림6]의 경우 ①이 옳지 않다는 것을 알 수 있다. 어떠한 경우에도 항상 참인 결론을 골라야 하므로 ①, ②, ④, ⑤는 정답이 될 수 없고, 소거법에 의해 ③이 정답임을 알 수 있다.

| 정답풀이 |

전제1과 결론을 만족하는 벤다이어그램은 각각 [그림1], [그림2]와 같다.

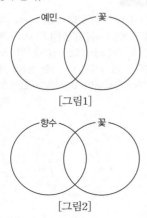

[그림1]

[그림2]

전제1에서 결론과 같이 도출하기 위해서는 '예민'이 '향수'에 포함되어야 한다. 이를 그림으로 나타내면 다음과 같다.

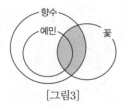

[그림3]

결론의 명제에는 '예민한 사람'이 없으므로 '예민한 사람'이 매개념 임을 알 수 있다. 이에 따라 결론의 '향수'와 '예민한 사람'과의 관계가 정의되어야 하는데, [그림3]과 같이 '예민한 사람'이 '향수'에 포함되어야 결론이 도출될 수 있다.

따라서 '예민한 사람'이 '향수'에 포함되는 명제인 '예민한 사람' → '향수'가 전제2에 해당하며, 해당 명제의 대우에 해당하는 '~향수' → '~예민한 사람'인 ①이 정답이다.

✎ **시험장풀이**

전제1과 결론에 "어떤 ~는 ~이다."라는 some 개념이 있으므로 벤다이어그램을 활용한다. 예민한 사람을 '예', 향수를 좋아하는 사람을 '향', 꽃을 좋아하는 사람을 '꽃'이라고 표시하자. 전제1을 벤다이어그램으로 표현하면 [그림3]과 같다.

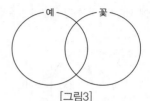

[그림3]

이 상태에서 ②를 만족하도록 '향'의 벤다이어그램을 그려보면 [그림4]와 같다.

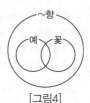

[그림4]

이 경우 전제1과 ②를 모두 만족하지만 결론을 만족하지 못한다. 즉, ②를 전제2로 세울 경우 항상 결론이 도출되는 것은 아니므로 ②는 전제2로 적절하지 않다.

이와 같은 방식으로 전제1과 ①, ③, ④, ⑤를 만족하는 벤다이어그램을 각각 그렸을 때, 결론을 위배하는 반례가 하나라도 발생한다면 해당 선택지를 소거할 수 있다. ③은 [그림4]를 반례로 들 수 있고, ④, ⑤는 [그림5]를 반례로 들 수 있다.

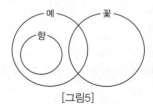

[그림5]

반면 ①은 전제2로 세웠을 때 항상 결론을 만족하므로 정답은 ①이다.

| 정답풀이 |

다섯 명 중 B보다 먼저 면접을 본 사람은 총무팀에 배정된 E뿐이고, C는 다섯 명 중 세 번째로 면접을 보았으며, 구매팀에 배정되었으므로 이를 정리하면 다음과 같다.

면접 순서	첫 번째	두 번째	세 번째	네 번째	다섯 번째
직원	E	B	C		
팀	총무팀		구매팀		

이때, A는 자재팀, 구매팀에 배정된 사람들보다 나중

에 면접을 보았으므로 A는 네 번째 또는 다섯 번째로 면접을 보았고, 이를 기준으로 경우를 나누면 다음과 같다.

1) A가 네 번째인 경우

면접 순서	첫 번째	두 번째	세 번째	네 번째	다섯 번째
직원	E	B	C	A	D
팀	총무팀	자재팀	구매팀	설비팀	개발팀
				개발팀	설비팀

2) A가 다섯 번째인 경우

면접 순서	첫 번째	두 번째	세 번째	네 번째	다섯 번째
직원	E	B	C	D	A
팀	총무팀	설비팀	구매팀	자재팀	개발팀
		개발팀			설비팀
		자재팀		설비팀	개발팀
				개발팀	설비팀

따라서 가능한 경우의 수는 6가지이다.

| 오답풀이 |
① B는 개발팀에 배정될 수 있다.
② D는 설비팀에 배정될 수 있다.
④ 마지막에 면접을 본 사람이 D일 수 있다.
⑤ 네 번째로 면접을 본 사람이 A일 수 있다.

05 조건추리 　　　　　　　　　　정답 ③

| 정답풀이 |
가장 처음과 마지막에 동작구를 방문하고 여섯 번째로 G를 방문하였으므로 첫 번째와 아홉 번째는 H 또는 I를 방문한다. 이때 금천구(E, F)는 연달아 방문하고 I는 F 바로 다음에 방문하므로 일곱 번째부터 아홉 번째까지 순서대로 E, F, I를 방문한다. 여기서 B 다음에 D를 방문하고, C는 구로구보다 먼저 방문하므로 가능한 경우는 다음과 같다.

1	2	3	4	5	6	7	8	9
H	C	A	B	D	G	E	F	I
	C	B	D	A				

따라서 세 번째로 방문하는 곳은 구로구다.

| 오답풀이 |
① H는 첫 번째로 방문한다.
② 가능한 경우의 수는 2가지이다.
④ 두 번째로 방문하는 곳은 관악구 대리점 C이다.
⑤ 관악구 중 가장 먼저 방문하는 곳은 C이다.

06 조건추리 　　　　　　　　　　정답 ③

| 정답풀이 |
영수는 월요일, 토요일, 일요일에 운동을 못했고, 금요일 오후에 운동을 했으며, 금요일을 제외한 나머지 날 오후에 운동을 못했다. 여기서 이틀 연속으로 같은 시간대에 운동한 날이 있으나 사흘 연속으로 운동한 날은 없으므로 목요일에는 운동을 못했다.

구분	월	화	수	목	금	토	일
오전	×	○	○	×	×	×	×
오후		×	×	×	○		

따라서 화요일 오전, 수요일 오전, 금요일 오후에 운동을 했다.

07 조건추리 　　　　　　　　　　정답 ①

| 정답풀이 |
확정적인 조건을 정리하면 다음과 같다.

구분	월	화	수	목	금
A	북				
B	동				
C	남				동
D	서	서	동	남	북

A팀은 남부에서 연속으로 연습을 하는데 목요일에 D팀이 남부에서 연습하므로 A팀은 화요일, 수요일에 남부에서 연속으로 연습을 한다. A팀은 목요일과 금요일에 동부 또는 서부에서 연습을 해야 하는데 금요일에 동부에서 연습을 하는 팀이 있으므로 목요일에 동부, 금요일에 서부에서 연습을 한다. 여기서 C팀은 금요일에 동부에서 연습을 하므로 화요일에는 북부에서 연습을 하고, B팀은 화요일에 동부, 금요일에 남부에서 연습을 한다. 마지막으로 C가 수요일에 서부에서 연습하면 이틀 연속으로 같은 경기장에서 연습하는 요일이 없으므로 C팀은 목요일에 서부, 수요일에 북부에서 연습하고, B팀은 수요일에 서부, 목요일에 북부에서 연습한다.

구분	월	화	수	목	금
A	북	남	남	동	서
B	동	동	서	북	남
C	남	북	북	서	동
D	서	서	동	남	북

따라서 수요일에 북부 경기장에서는 C팀이 연습을 한다.

② D팀과 B팀은 모두 월요일과 화요일에 각각 서부 경기장, 동부 경기장을 연속으로 사용한다.

③ A팀은 화요일과 수요일에 남부 경기장에서 연속으로 연습을 한다.

④ 북부 경기장에서는 A팀, C팀 연속 2번, B팀, D팀 순서로 연습을 한다.

⑤ 목요일, 금요일에 연속으로 같은 경기장에서 연습하는 팀은 없다.

---

08 조건추리   정답 ⑤

| 정답풀이 |

A보다 결과 등급이 낮은 직원은 2명이므로 A는 3등급이다. 여기서 등급은 1등급부터 5등급 순으로 높은데, E는 결과 등급이 C보다 한 등급 높고, B는 결과 등급이 D보다 한 등급 높으므로 직원별 결과 등급은 다음과 같다.

1등급	2등급	3등급	4등급	5등급
B	D	A	E	C

따라서 결과 등급이 가장 낮은 4~5등급에 해당하는 안내문 방송 대상자는 C와 E이다.

---

09 조건추리   정답 ⑤

| 정답풀이 |

세 사람이 획득한 점수는 47점이고, B와 C가 얻은 점수는 각각 16점, 18점이므로 A가 얻은 점수는 $47-16-18=13$(점)이다. 한편 B와 C가 얻은 점수를 얻기 위해선 두 사람이 각각 최소 3회씩 던져야 하는데, 세 사람이 주사위를 던진 횟수는 총 10회이고, A가 가장 많은 횟수를 던졌으므로 A, B, C가 각자 주사위를 던진 횟수는 4회, 3회, 3회이다. 이를 바탕으로 순서를 고려하지 않은 모든 경우를 정리하면 다음과 같다.

구분	1회	2회	3회	4회	합계
A		5	1	1	
	6	4	2	1	
		3	2	2	13
		4	2	2	
	5	3	3	2	
		4	4	3	2	

B	6	6	4		16
	6	5	5	–	
C	6	6	6		18

따라서 A가 주사위를 던져서 얻은 주사위 눈의 수 중 가장 작은 수는 1 또는 2이다.

| 오답풀이 |

① C는 주사위를 던져서 6만 나왔다.

② A는 주사위를 4회 던졌다.

③ B가 4점을 얻었다면, 동시에 5점을 얻지는 못한다.

④ B가 주사위를 던져서 얻은 주사위 눈의 수가 6, 6, 4이면 모두 짝수다.

---

10 조건추리   정답 ⑤

| 정답풀이 |

3라운드에서 A는 참가자 중 처음으로 벌칙에서 제외되었으며, 다른 사람은 벌칙에서 제외되지 않았다. 또한 4라운드에서는 B만 벌칙에서 제외되었으므로 4라운드까지 A와 B만 벌칙에서 제외됐고, 4라운드까지 출제된 퀴즈는 총 $5+5+5+4=19$(개)이다. 벌칙을 받을 사람은 5라운드에서 결정되었으므로 벌칙을 받을 사람은 C~E 중 1명이다. 벌칙을 받을 사람에 따른 경우는 다음과 같다.

라운드	벌칙 제외	벌칙자	퀴즈 개수
3	A	–	15개
4	B		19개
5	C	E	21개
	D		
	C	D	
	E		22개
	D	C	
	E		

따라서 총 22개의 퀴즈가 출제되었다면, E는 5라운드에서 퀴즈의 정답을 맞혔다.

| 오답풀이 |

① C는 5라운드에서 벌칙이 제외된 사람에 포함되었을 수도 있고, 그렇지 않을 수도 있다.

② D와 E가 벌칙에서 제외되었다면, C는 벌칙에서 제외되지 않았다.

③ 벌칙 받을 사람 1명이 퀴즈를 0개 맞혔다면 5라운드까지 4명의 참가자가 벌칙에서 제외되었으므로 정답을 맞힌 퀴즈는 총 8개일 수 있다.

④ 게임이 종료될 때까지 총 21개의 퀴즈가 출제되었다면, E가 벌칙을 받았다.

11 조건추리   정답 ⑤

| 정답풀이 |

B가 투자한 유가증권의 종목은 주식이며, 홍익이므로 A와 C가 투자한 유가증권의 종목은 펀드, 채권과 부국, 대한 중 하나이다. 이때 유가증권의 종목에서 투자금액이 큰 순서는 주식, 채권, 펀드 순이고, C가 투자한 '대한'의 투자금액은 채권보다 적으므로 C가 투자한 유가증권의 종목은 펀드다.

구분	이름	종목
A	부국	채권
B	홍익	주식
C	대한	펀드

따라서 올바르게 짝지어진 것은 ⑤이다.

12 조건추리   정답 ③

| 정답풀이 |

A가 휴가를 가면 B가 휴가를 가는데, A 또는 B는 휴가를 가지 않으므로 A가 휴가를 갈 경우에 모순이 일어난다. 이에 따라 A는 휴가를 가지 않는다. D와 E는 휴가를 가고, D가 휴가를 가면 F가 휴가를 가므로 F도 휴가를 간다. 여기서 B가 휴가를 가면 C가 휴가를 가므로 가능한 경우는 다음과 같다.

구분	A	B	C	D	E	F
경우1		O	O			
경우2	X	X	O	O	O	O
경우3		X	X			

따라서 A는 휴가를 가지 않는다.

| 오답풀이 |

① B는 휴가를 가지 않을 수도 있다.
② C는 휴가를 가지 않을 수도 있다.
④ A는 휴가를 가지 않으며, B와 C도 휴가를 가지 않을 수 있다.
⑤ F는 휴가를 간다.

13 조건추리   정답 ④

| 정답풀이 |

A의 말이 진실이라면 A가 3층에서 근무하지 않는다고 말한 C의 말도 진실이 되어 진실을 말한 사람이 2명이 되므로 A와 C의 말은 모두 거짓이다.

B의 말이 진실이라면 E는 4층에서 근무하고, B는 4층보다 낮은 1~3층 중 한 층에서 근무하는 것인데, C가 거짓이므로 A가 3층에서 근무하고, E가 거짓이므로 B는 2층에서 근무한다. 또한 A가 거짓이므로 D는 1층에서 근무하게 되어 나머지 5층에서 근무하는 직원이 C이어야 하는데, E의 진술이 거짓이므로 C는 5층에서 근무할 수 없어 모순이 발생한다. 이에 따라 B의 말은 거짓이다.

D의 말이 진실이라면 E는 5층에서 근무하고, A는 3층에서 근무하며, A의 말은 거짓이므로 D는 1층에서 근무한다. 이때 B의 말이 거짓이므로 B는 4층보다 낮은 층에서 근무하지 않게 되어 4층에서 근무하며, 나머지 C는 2층에서 근무한다. 이는 모순이 발생하지 않는다.

E의 말이 진실이라면 B가 1층에서 근무하는데, A의 'D는 1층보다 높은 층에서 근무한다.'는 말도 진실이 되어 진실을 말한 사람이 2명이 되기 때문에 모순이 발생한다.

따라서 진실을 말한 사람은 D이다.

14 조건추리   정답 ⑤

| 정답풀이 |

D는 C보다 3km 앞에서 운행하고 있고, E는 D보다 5km 뒤에서 운행하고 있으므로 E는 C보다 2km 뒤에서 운행하고 있다. 이때 A는 C보다 5km 앞에서 운행하고 있으므로 A는 D보다 2km 앞에서 운행하고 있다.

여기서 B는 D보다 뒤에서 운행하고 있고, 가장 앞선 버스와 가장 뒤에 있는 버스와의 거리는 10km를 초과하여 떨어지지 않으므로 B는 D와 동일 선상에서 운행하거나 최대 E보다 3km 뒤에서 운행하고 있다.

따라서 B가 가장 뒤에서 운행하고 있다면, E는 B보다 최대 3km 앞에서 운행하고 있다.

① A는 E보다 앞에서 운행하고 있다.

② E는 C보다 뒤에서 운행하고 있다.

③ A는 D보다 2km 앞에서 운행하고 있다.

④ B가 C보다 앞에서 운행하고 있다면, B와 D의 거리는 2km 이내가 아니라 2km 초과, 3km 미만일 수도 있다.

15 도형추리 　　　　　　　정답 ②

| 정답풀이 |

3행의 도형은 1행의 도형 아래 절반과 2행의 도형 위 절반을 합친 것이다.

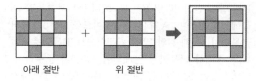

아래 절반　　　　위 절반

16 도형추리 　　　　　　　정답 ⑤

| 정답풀이 |

1열에서 2열로 이동할 때, 외부 도형의 색은 반전하고, 2열에서 3열로 이동할 때, 전체 도형은 반시계 방향으로 90° 회전한다.

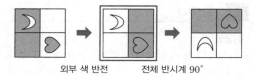

외부 색 반전　　　전체 반시계 90°

17 도형추리 　　　　　　　정답 ⑤

| 정답풀이 |

3행의 도형은 1행 도형과 2행 도형에서 공통적으로 음영이 없는 부분에만 음영을 칠한 것이다.

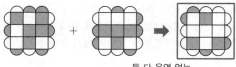

둘 다 음영 없는
부분에 음영

18 도식추리 　　　　　　　정답 ①

| 정답풀이 |

주어진 기호의 규칙은 다음과 같다.

기호	규칙
☆	ABCD → DCAB
♤	(+1, −1, −1, +1)
△	(+1, +2, +1, +2)
○	ABCD → BDCA

MUSE → ○ → UESM → △ → (**VGTO**)

✐ 시험장풀이

다음과 같이 문자표를 일단 적어놓는다.

A	B	C	D	E	F	G	H	I	J	K	L	M
N	O	P	Q	R	S	T	U	V	W	X	Y	Z

주어진 도식을 보면 ☆ → ♤ → △ → ○ 순으로 규칙을 파악해야 한다.

- ☆ : ZN83 → 38ZN으로 추론할 수 있다. 명백한 순서 바꾸기 규칙으로, ABCD → DCAB이다.
- ♤ : JLSE에 ☆을 적용하면 ESJL이며, MIFR에 ☆을 역으로 적용하면 FRIM이다. 따라서 ♤는 ESJL → FRIM으로 추론할 수 있다. 명백한 숫자연산 규칙으로, (+1, −1, −1, +1)이다.
- △ : PWAX에 ♤를 적용하면 QVZY이다. 따라서 △는 QVZY → RXAA로 추론할 수 있다. 명백한 숫자연산 규칙으로, (+1, +2, +1, +2)이다.
- ○ : Q4O7에 ☆를 적용하면 7OQ4, 7OQ4에 △를 적용하면 8QR6이다. 따라서 ○는 8QR6 → Q6R8로 추론할 수 있다. 명백한 순서 바꾸기 규칙으로, ABCD → BDCA이다.

따라서 MUSE → ○ → UESM → △ → VGTO이므로 정답은 ①이다.

19 도식추리 　　　　　　　정답 ②

| 정답풀이 |

1746 → △ → 2958 → ♤ → 3849 → ○ → (**8943**)

20 도식추리 　　　　　　　정답 ⑤

| 정답풀이 |

(**59DN**) → ○ → 9ND5 → ☆ → 5D9N

21 도식추리 　　　　　　정답 ③

| 정답풀이 |

(06WH) → ♤ → 15VI → △ → 27WK → ☆ → KW27

22 어휘추리 　　　　　　정답 ④

| 정답풀이 |

- 취식하다: 음식을 취하여 먹다.
- 섭취하다: 생물체가 양분 따위를 몸속에 빨아들이다.

두 단어의 관계는 유의관계이다. '탑승하다'는 "배나 비행기, 차 따위에 올라타다."라는 뜻이므로 "차를 타다."라는 뜻의 '승차하다'와 유의관계이다.

따라서 정답은 ④이다.

| 오답풀이 |

① 환승하다: 다른 노선이나 교통수단으로 갈아타다.
② 하차하다: 타고 있던 차에서 내리다.
③ 상승하다: 낮은 데서 위로 올라가다.
⑤ 추락하다: 높은 곳에서 떨어지다.

23 어휘추리 　　　　　　정답 ⑤

| 정답풀이 |

① 구전: 말로 전하여 내려옴
　 구승: 말로 이어져 내려옴
② 결백: 행동이나 마음씨가 깨끗하고 조촐하여 아무런 허물이 없음
　 청렴: 성품과 행실이 높고 맑으며, 탐욕이 없음
③ 대접: 마땅한 예로써 대함
　 대우: 예의를 갖추어 대하는 일
④ 고함: 크게 부르짖거나 외치는 소리
　 함성: 여러 사람이 함께 외치거나 지르는 소리
⑤ 야간: 해가 진 뒤부터 먼동이 트기 전까지의 동안
　 주간: 먼동이 터서 해가 지기 전까지의 동안

따라서 ①~④는 유의관계이지만, ⑤는 반의관계이므로 정답은 ⑤이다.

24 독해추론 　　　　　　정답 ③

| 정답풀이 |

GAA 기술을 사용하면 트랜지스터 사이즈를 축소하는 것이 가능하고, 트랜지스터 용량을 증가시킬 수 있는 더 높은 채널 길이를 확장하는 것이 가능함을 알 수 있다.

| 오답풀이 |

① GAA 기술을 이용하면 기술 산업 전반에서 몇 세대에 걸친 공정 기술 개선을 기대할 수 있음을 알 수 있다.
② 기존의 핀펫 설계에서는 트랜지스터 내부의 실리콘 채널이 3면만 게이트 재료로 덮이게 되어 있음을 알 수 있다.
④ GAA 기술을 사용하면 내부의 실리콘 채널이 게이트 재료로 완전히 둘러싸이게 됨을 알 수 있다.
⑤ GAA 기술을 사용하면 전압 스케일링으로 인한 소비 전력을 줄이면서도 성능을 향상할 수 있음을 알 수 있다.

25 독해추론 　　　　　　정답 ④

| 정답풀이 |

광학 현미경은 가시광선을 이용하며, 전자빔을 이용하는 현미경은 전자 현미경이므로 적절하지 않다.

| 오답풀이 |

① 광학 현미경은 우리 눈에 보이는 가시광선을 이용함을 알 수 있다.
② 광학 현미경은 접안렌즈와 대물렌즈를 활용하여 가까이에 있는 물체를 확대해서 보여줌을 알 수 있다.
③ 광학 현미경의 접안렌즈와 대물렌즈의 위치와 구조는 다르지만 물체의 모습을 확대하는 역할은 같음을 알 수 있다.
⑤ 광학 현미경이 얼마나 확대해서 보여줄 수 있는가를 말해 주는 배율은 대물렌즈의 배율과 접안렌즈의 배율을 곱해서 말함을 알 수 있다.

26 독해추론 　　　　　　정답 ④

| 정답풀이 |

독서의 속도가 느려 문장의 의미를 기억하는 것이 용이한 것은 전자책이 아닌 종이책이다.

| 오답풀이 |

① 전자책은 스마트폰만 있으면 간편한 독서가 가능하고 종이책보다 쉽게 밑줄을 칠 수 있음을 알 수 있다.
② 전자책의 휴대성과 기록성은 종이책보다 뛰어남을 알 수 있다.
③ 전자책은 문장을 선택하고 '공유' 버튼을 누르면 이미지나 텍스트 형태로 SNS에 공유가 가능함을 알 수 있다.

⑤ 전자책은 좋은 문장을 수집하는 과정이 용이하기 때문에 문장을 완전히 흡수하지 않고 관성적으로 쌓아둘 수 있음을 알 수 있다.

27 독해추론　　　　　정답 ②

| 정답풀이 |
진딧물은 해로운 생물이라고 설명되어 있으므로 옳지 않은 진술이다.

| 오답풀이 |
① 수경재배는 우리가 사는 공간에서 식물을 재배하는 것이 가능하므로 생육조건에 유리함을 알 수 있다.
③ 수경재배는 작물의 생육에 따라 최고의 생산성을 올릴 수 있어 부각되고 있음을 알 수 있다.
④ 토경재배는 흙을 이용한 전통적 방식이고, 관리가 편하고 깔끔한 것은 흙을 사용하지 않는 수경재배임을 알 수 있다.
⑤ 수경재배는 물을 이용하여 작물을 재배하는 방식과 이에 필요한 모든 기술을 의미함을 알 수 있다.

28 독해추론　　　　　정답 ④

| 정답풀이 |
군주의 비도덕적인 비르투 활용으로 인해 인민과 공동체에 또 다른 문제가 발생할 가능성을 제시하였으므로 적절한 반론으로 볼 수 있다.

| 오답풀이 |
① 군주가 비르투를 올바르게 활용할 수 있는 기본적인 판단 능력이 전제된다면 밑줄 친 부분에 대한 내용에 동의하는 것으로 해석할 수 있으므로 글의 주장을 뒷받침하는 내용이다.
② 군주가 비르투를 함양해야 한다는 내용은 글의 주장을 뒷받침하는 내용이다.
③ 잘못된 지배층을 제어하기 위해 도덕적이지 않은 방법을 활용해서라도 인민과 공동체를 우선에 두어야 하는 내용과 같으므로 글의 주장과 일치하는 내용이다.
⑤ 비르투를 자유자재로 발휘하여 도덕적 영향력을 극대화한다는 내용은 윗글의 주장과 관련이 없는 내용이다.

29 독해추론　　　　　정답 ②

| 정답풀이 |
순수한 조형 요소의 활용은 구체적인 형상의 표현과는 반대되는 것이고, 이는 사물의 재현과 묘사보다는 작가의 감정이나 내면이 반영되는 기능으로 작용함을 알 수 있다.

| 오답풀이 |
① 추상 미술은 회화를 작가가 의도한 마음의 상태나 표현의 도구로 간주함을 알 수 있다.
③ 추상 미술은 구체적인 형상의 표현이 아님을 알 수 있고, 같은 사진기로 같은 대상을 여러 장 찍더라도 완벽하게 똑같은 사진이 나올 수 없다는 것에서 완벽하게 똑같은 대상의 묘사는 불가능함을 추론할 수 있다.
④ 사진기의 발명으로 대상의 모습을 그대로 재현하고 묘사하는 기능을 회화가 더이상 담당하지 않게 되고, 작가의 내면을 표현하기 위한 기능이 강조되었음을 추론할 수 있다.
⑤ 추상 미술은 점이나 선과 같은 순수한 조형 요소로 대상을 표현함으로써 각각의 고유한 의미와 느낌을 활용함을 알 수 있다.

30 독해추론　　　　　정답 ③

| 정답풀이 |
데이터를 여러 개로 분할하면 여러 개의 코드로 데이터를 전송시킬 수 있으므로 블루투스 기술이 적용된 기기들은 조금씩 나누어 보낸 데이터들을 모두 합쳐 하나의 완성된 데이터를 읽어낼 수 있음을 알 수 있다.

| 오답풀이 |
① 주파수 도약은 쪼개어진 각 코드 중에서 이용이 가능하며, 가장 안정적이고 효율적이라고 판단하는 코드에 무작위로 정보를 전송하는 것을 의미한다.
② 쪼개어진 각 코드 중에서 가장 효율적인 코드를 사용하여 데이터를 전송하면 기기들 간의 간섭을 피할 수 있음을 추론할 수 있다.
④ 단말기가 수신해야 할 데이터의 내용을 추출하게 되면 다중 통신을 통한 정보 교환이 가능함을 추론할 수 있다.
⑤ 시간과 주파수를 모두 쪼개어 여러 개의 코드에 정보를 전송하면 완성된 데이터를 읽어낼 수 있음을 추론할 수 있다.

수리논리

01	02	03	04	05	06	07	08	09	10
⑤	⑤	①	②	⑤	③	⑤	③	③	④
11	12	13	14	15	16	17	18	19	20
②	⑤	①	⑤	④	③	⑤	②	④	③

01 응용수리 정답 ⑤

| 정답풀이 |

작년 남학생 수를 x, 작년 여학생 수를 y라고 하면 다음과 같은 식을 세울 수 있다.

$x+y=550$ ··· ㉠

$-0.1x+0.2y=20$ ··· ㉡

㉠+10×㉡을 계산하면 $y=250$이다.

따라서 올해 여학생 수는 $1.2 \times 250 = 300$(명)이다.

02 응용수리 정답 ⑤

| 정답풀이 |

여자들은 남자들하고만 한 번씩 악수하므로 여자 4명이 악수한 횟수는 $4 \times 6 = 24$(회)이다. 이때 회의에 참석한 사람들이 악수한 총횟수는 (여자들과 남자들이 악수한 횟수)+(남자들끼리 악수한 횟수)와 같다. 이에 따라 남자들끼리 악수한 횟수를 구하면 6명 중 2명을 고르는 경우의 수와 같으므로 $_6C_2 = \dfrac{6 \times 5}{2 \times 1} = 15$(회)이다.

따라서 회의에 참석한 사람들이 악수한 총횟수는 $24+15=39$(회)이다.

03 자료해석 정답 ①

| 정답풀이 |

㉠ 월평균 생활비 비율은 31~40만 원 이하가 30%로 가장 높고, 항목별 지출 비중은 식비가 30%로 가장 크다.

㉡ 어느 학생의 생활비가 50만 원이면, 그 학생의 교통비는 $50 \times 0.22 = 11$(만 원)이므로 10만 원 이상이다.

| 오답풀이 |

㉢ 월평균 생활비 비율은 30만 원 이하인 대학생이 $13+27=40$(%), 41만 원 이상인 대학생이 $18+12=30$(%)이다. 이때 41만 원 이상인 대학생 비

율의 1.5배는 $30 \times 1.5 = 45$(%)이므로 30만 원 이하인 대학생이 41만 원 이상인 대학생의 1.5배 미만이다.

㉣ 어느 학생의 생활비가 50만 원이면, 그 학생의 학습비와 품위유지비의 지출 비중 차이는 $24-16=8$(%P)이므로 금액 차이는 $50 \times 0.08 = 4$(만 원)이다. 즉, 차이는 월 5만 원 미만이다.

04 자료해석 정답 ②

| 정답풀이 |

2021년 조적조의 건축허가는 2020년 대비 증가하였다.

| 오답풀이 |

① 2021년 철근, 조적조, 목조의 건축허가는 2017년 대비 모두 감소하였다.

③ 2021년 용도별 건축허가는 2017년 대비 상업용, 공업용, 교육용은 모두 증가하였지만 주거용만 감소하였다.

④ 2020년 용도별 건축허가는 공업용이 상업용보다 $41,000-21,000=20,000$(천 m²) 작다.

⑤ 2019년 철근의 건축허가는 2017년 대비 $232,000-212,000=20,000$(동) 감소하였다.

05 자료해석 정답 ⑤

| 정답풀이 |

㉢ 제시된 기간 중 목조의 건축허가가 최대인 2017년에 교육용 건축허가는 8,900천 m²이므로 9,000천 m² 이하이다.

㉣ 2018년 상업용과 주거용 건축허가의 합은 $57,000+44,000=101,000$(천 m²)이므로 10,100만 m²이다.

| 오답풀이 |

㉠ 2021년 공업용 건축허가는 2019년 대비 $\dfrac{27,000-18,000}{18,000} \times 100 = 50$(%) 증가하였으므로 60% 미만 증가하였다.

㉡ 제시된 기간 중 자재별 건축허가 현황 합계는 2020년이 $198,000+8,200+12,000=218,200$(동)으로 가장 낮다.

| 정답풀이 |

2020년 직업별 스마트폰 과의존 비율 중 고위험 비율은 생산직이 3%로 가장 낮다.

| 오답풀이 |

① 2018년부터 2021년까지 매년 스마트폰 과의존 비율은 청소년이 유아동, 성인보다 고위험, 잠재위험 모두 더 높다.

② 2021년 유아동의 고위험 및 잠재위험 비율의 합은 2018년 대비 $(4+24)-(2+19)=7(\%P)$ 증가하였으므로 5%P 이상 증가하였다.

④ 2019년 사무직의 고위험 및 잠재위험 비율의 합은 $3+16=19(\%)$이므로 20% 미만이다.

⑤ 연령대별 스마트폰 과의존 비율 중 고위험 비율은 성인이 청소년보다 매년 1%P씩 낮다.

07 자료해석   정답 ⑤

| 정답풀이 |

ⓒ 2019년 직업별 스마트폰 과의존 비율 중 고위험 및 잠재위험 비율의 합은 전문직이 $3+15=18(\%)$, 사무직이 $3+16=19(\%)$, 서비스직이 $2+15=17(\%)$, 생산직이 $2+14=16(\%)$이므로 모두 20% 이하이다.

ⓔ 제시된 기간 중 성인의 고위험 및 잠재위험 비율의 합이 $5+19=24(\%)$로 최대인 2021년에 사무직의 고위험 및 잠재위험 비율의 합은 $5+19=24(\%)$로 제시된 기간 중 최대이다.

| 오답풀이 |

㉠ 2020년 직업별 스마트폰 과의존 비율 중 잠재위험 비율의 평균은 $\dfrac{19+18+17+14}{4}=17(\%)$이다.

㉡ 2021년 연령대별 스마트폰 과의존 비율 중 고위험 비율은 $\dfrac{4+6+5}{3}=5(\%)$이므로 5% 이상이다.

08 자료해석   정답 ③

| 정답풀이 |

㉠ 글로벌 모바일 기기용 OLED 부품 소재 시장규모는 2017년의 4배가 $8,700\times4=34,800$(백만 달러), 2021년에 38,200백만 달러이므로 2021년에 2017년의 4배 이상이다.

ⓔ 2018년 이후 모바일 기기용 OLED 부품 소재 시장규모는 글로벌, 한국, 중국 모두 매년 전년 대비 증가하였다.

| 오답풀이 |

㉡ 한국과 중국의 모바일 기기용 OLED 부품 소재 시장규모의 차이는 2020년과 2021년에 전년 대비 감소하였다.

ⓒ 2020년 글로벌 모바일 기기용 OLED 부품 소재 시장규모에서 한국과 중국의 비중의 합은 $\dfrac{20,700+5,700}{30,500}\times100≒87(\%)$이므로 90% 미만이다.

> ✎ **시험장풀이**
>
> ⓒ 2020년 글로벌 모바일 기기용 OLED 부품 소재 시장규모의 90% 해당하는 수치는 $30,500\times0.9=27,450$(백만 달러)이고, 한국과 중국의 시장규모는 $20,700+5,700=26,400$(백만 달러)이므로 글로벌에서 한국과 중국의 비중은 90% 미만임을 쉽게 알 수 있다.

09 자료해석   정답 ③

| 정답풀이 |

㉡ 호주, 쿠바, 필리핀, 잠비아의 코발트 매장량 비중의 합은 $12+6+4+3=25(\%)$이고, 콩고의 코발트 매장량 비중은 40%이므로 콩고가 더 크다.

ⓒ 니켈 매장량 비중은 러시아의 3배가 $7\times3=21(\%)$이고, 인도네시아가 22%이므로 인도네시아가 러시아의 3배 이상이다.

| 오답풀이 |

㉠ 브라질의 니켈 매장량은 $9,400\times0.17=1,598$(만 톤)이므로 1,700만 톤 미만이다.

ⓔ 니켈 매장량 비중과 코발트 매장량 비중이 동시에 상위 5개국 안에 드는 국가는 호주와 쿠바 총 2개이다.

10 자료해석   정답 ④

| 정답풀이 |

의약계열 박사학위 남녀인원은 2018년에 $520+530=1,050$(명), 2020년에 $430+430=860$(명)이므로

2020년에 2018년 대비 $\frac{1{,}050-860}{1{,}050}\times100\fallingdotseq18.1(\%)$ 감소하였다. 즉, 20% 미만 감소하였다.

| 오답풀이 |

① 2019년 이후 공학계열 박사학위 남녀인원은 남성과 여성 모두 매년 증가하였으므로 남녀인원도 매년 증가하였다.

② 박사학위 학비지출이 3,000만 원 미만인 비중은 23＋54＝77(%)이므로 75% 이상이다.

③ 2019년 자연계열 박사학위 남녀인원은 2018년 대비 (880＋620)－(860＋550)＝90(명) 증가하였다.

⑤ 2018~2020년 인문계열 박사학위 남녀인원은 310＋390＋270＋430＋330＋440＝2,170(명)이고, 같은 기간에 학비지출이 5,000만 원 이상인 비중은 4%이므로 이에 해당하는 인문계열 박사학위 남녀인원은 2,170×0.04＝86.8(명)이다. 즉, 80명 이상이다.

---

11 자료해석　　　　　　　　정답 ②

| 정답풀이 |

㉠ 2020년 박사학위 남성은 공학계열이 사회계열보다 2,700－1,000＝1,700(명) 더 많다.

㉢ 2018년 여성이 남성보다 많은 박사학위 전공계열은 인문계열, 의약계열 총 2개이다.

| 오답풀이 |

㉡ 사회계열의 박사학위 인원은 2018년에 1,000＋690＝1,690(명)에서 2020년에 1,000＋650＝1,650(명)으로 감소하였다.

㉣ 2018~2020년 박사학위 학비지출 비중은 3,000~4,000만 원이 5,000만 원 이상의 $\frac{12}{4}=$ 3(배)이다.

---

12 자료해석　　　　　　　　정답 ⑤

| 정답풀이 |

제시된 기간 중 2018년에 폭염 일수는 31일, 온열질환자 수는 4,520명으로 가장 많다.

| 오답풀이 |

① 2016년부터 2017년까지 폭염 일수의 평균은 $\frac{22+14}{2}=18$(일)이다.

② 2017년과 2019년을 비교하면 폭염 일수는 2017년이 더 많으나 온열질환자 수는 2019년이 더 많으므로 비례하지 않는다.

③ 2019년 온열질환자 수는 2016년 대비 2,120－1,840＝280(명) 감소하였다.

④ 폭염 일수 대비 온열질환자 수는 2018년에 $\frac{4{,}520}{31}$ $\fallingdotseq145.8$(명), 2019년에 $\frac{1{,}840}{13}\fallingdotseq141.5$(명)이므로 2019년에 2018년 대비 감소하였다.

---

13 자료해석　　　　　　　　정답 ①

| 정답풀이 |

7월 미주와 유럽 노선의 화물량 차이는 70,000－45,000＝25,000(톤)이다.

| 오답풀이 |

② 미주와 유럽 노선의 여객인원은 10월에 398천 명, 348천 명으로 제시된 기간 중 각각 최대이다.

③ 미주 노선의 운항편과 여객인원은 8월 3,820편, 376천 명에서 9월 3,550편, 350천 명으로 감소하였다.

④ 아시아, 미주, 유럽 노선의 화물량은 각각 9월 75,800톤, 64,000톤, 45,600톤에서 10월 82,000톤, 68,000톤, 51,600톤으로 증가하였다.

⑤ 제시된 기간 중 아시아 노선의 운항편이 8,300편으로 최대인 11월에 아시아 노선의 화물량도 84,700톤으로 최대이다.

---

14 자료해석　　　　　　　　정답 ⑤

| 정답풀이 |

㉢ 7월부터 10월까지 유럽 노선의 운항편은 2,600편, 2,770편, 2,820편, 2,960편이므로 8월 이후부터 10월까지 매월 전월 대비 증가한다.

㉣ 8~9월 아시아 노선의 여객인원 평균은 $\frac{1{,}080+920}{2}=1{,}000$(천 명)이므로 1백만 명이다.

| 오답풀이 |

㉠ 아시아, 미주, 유럽 노선의 총화물량은 10월에 82,000＋68,000＋51,600＝201,600(톤)에서 11월에 84,700＋65,000＋50,500＝200,200(톤)으로 감소하였다.

ⓒ 7월 미주 노선의 운항편당 화물량은 $\frac{70,000}{3,700}$≒

18.9(톤)이므로 20톤 미만이다.

> ✍ 시험장풀이
>
> ⓒ 7월 미주 노선의 운항편당 화물량이 20톤 이상
> 이려면 운항편에 20을 곱한 값보다 화물량이 그
> 이상인지 확인하면 된다. 운항편에 20을 곱한 값
> 은 3,700×20=74,0000이고 화물량은 70,000톤
> 이므로 운항편당 화물량은 20톤 미만임을 쉽게
> 알 수 있다.

15 자료해석   정답 ④

| 정답풀이 |

2025년 전체 우유의 시장규모는 10년 전 대비 3,600
−2,900=700(십억 원) 증가할 것으로 예상되므로
7,000억 원 증가할 것으로 예상된다.

| 오답풀이 |

① 2015년 시장규모는 전체 우유가 기타대체우유의
$\frac{2,900}{10}$=290(배)이다.

② 2025년 기타대체우유는 2020년 대비 $\frac{70-40}{40}$
×100=75(%) 증가할 것으로 예상된다.

③ 2020년 전체 우유와 기타대체우유의 시장규모는
모두 2015년 대비 증가하였다.

⑤ 전체 우유 시장규모에서 기타대체우유 시장규모가

차지하는 비중은 2015년에 $\frac{10}{2,900}$×100≒0.3(%)

에서 2020년에 $\frac{40}{3,100}$×100≒1.3(%)로 증가하

였다.

> ✍ 시험장풀이
>
> ⑤ 2020년 전체 우유 시장규모는 5년 전 대비 10%
> 미만 증가하였지만 기타대체우유 시장규모는
> 300% 증가하였으므로 전체 우유 시장규모에서
> 기타대체우유 시장규모가 차지하는 비중도 증가
> 했음을 쉽게 알 수 있다.

16 자료해석   정답 ③

| 정답풀이 |

라면 수입액의 전년 대비 증가율은 2018년이
$\frac{450-385}{385}$×100≒16.9(%), 2019년이 $\frac{520-450}{450}$
×100≒15.6(%)이므로 2019년이 2018년보다 작다.

| 오답풀이 |

① 2018년 이후 라면 수출액은 매년 전년 대비 증가
하였다.

② 2020년 라면 수입액의 150배는 470×150=
70,500(억 달러)이고, 수출액은 60,300억 달러이
므로 수출액은 수입액의 150배 미만이다.

④ 2021년 라면 수출액은 2017년 대비
$\frac{68,000-38,100}{38,100}$×100≒78.5(%) 증가하였으므
로 70% 이상 증가하였다.

⑤ 2019년 라면 수입액은 2017년 대비 520−385=
135(억 달러) 증가하였다.

> ✍ 시험장풀이
>
> ④ 2021년 라면 수출액이 2017년 대비 70% 이상
> 증가했다면 2017년 수치에 1.7을 곱한 값보다
> 2021년 수치가 더 커야 한다. 2017년 라면 수출
> 액에 1.7을 곱한 값은 38,100×1.7=64,770(억
> 달러)이고, 2021년 라면 수출액은 68,000억 달러
> 이므로 70% 이상 증가했음을 쉽게 알 수 있다.

17 자료해석   정답 ⑤

| 정답풀이 |

1인당 전체 전력소비량이 가장 높은 국가는 노르웨이
지만, 1인당 가정용 전력소비량 비율이 가장 높은 국
가는 미국이다.

| 오답풀이 |

① 노르웨이의 1인당 가정용 전력소비량은 24,000×
0.31=7,440(kWh)이다.

② 1인당 전체 전력소비량은 캐나다가 한국보다
15,500−11,000=4,500(kWh) 더 많다.

③ 1인당 가정용 전력소비량 비율은 미국이 호주보다
35−28=7(%P) 더 높다.

④ 제시된 국가 중 1인당 전체 전력소비량이 네 번째
로 많은 국가는 11,000kWh인 한국이다.

| 정답풀이 |

교양의 점수와 백분율 환산점수가 모두 제시되어 있으므로 이를 이용하면 $79 = \frac{3+2}{2} \times 10 + a$이고, 이를 계산하면 $a = 54$이다.

㉠ 전공의 백분율 환산점수는 $\frac{4+3}{2} \times 10 + 54 = 89$(점)이다.

㉡ 전체의 백분율 환산점수는 $\frac{4+3+3+2}{4} \times 10 + 54 = 84$(점)이다.

따라서 ㉠은 89, ㉡은 84인 ②가 정답이다.

---

19 자료해석   정답 ④

| 정답풀이 |

일주일 방문외식 횟수별 40대 응답자 수 비중을 소수점 첫째 자리에서 반올림하면 다음과 같다.

(단위: %)

3회 이하	4회	5회	6회	7회 이상
16	18	24	26	16

따라서 적절하지 않은 그래프는 ④이다.

> **✍ 시험장풀이**
>
> ④ 일주일 방문외식 횟수별 40대 응답자 수를 확인하면 3회 이하가 25명, 7회 이상이 24명으로 3회 이하가 더 적으므로 비중도 작아야 하는데, 선택지의 원그래프에서는 3회 이하의 비중보다 7회 이상의 비중이 더 크므로 적절하지 않은 그래프임을 쉽게 알 수 있다.

---

20 자료해석   정답 ③

| 정답풀이 |

A 종의 1960년대 이후 20년 주기로 변화하는 동물 개체 수를 확인하면 항상 700마리씩 감소함을 알 수 있다.

B 종의 1960년대 이후 20년 주기로 변화하는 동물 개체 수를 확인하면 항상 480마리씩 감소함을 알 수 있다.

C 종의 1960년대 이후 20년 주기로 변화하는 동물 개체 수를 확인하면 항상 540마리씩 감소함을 알 수 있다.

이에 따라 2040년대 이후 A, B, C 종의 동물 개체 수는 다음과 같다.

(단위: 마리)

종별	2040년대	2060년대	2080년대
A	2,900	2,200	1,500
B	2,500	2,020	1,540
C	2,900	2,360	1,820
합계	8,300	6,580	4,860

따라서 A~C 종의 멸종위기 동물 개체 수의 합이 처음으로 5,000마리 이하가 되는 시기는 2080년대이다.

> **✍ 시험장풀이**
>
> A~C 종의 동물 개체 수는 모두 20년 주기로 일정하게 변화하므로 합을 이용하면 더욱 빠르게 계산할 수 있다. 2020년대 A~C 종의 동물 개체 수의 합은 $3,600 + 2,980 + 3,440 = 10,020$(마리)이고, A~C 종의 동물 개체 수의 합은 20년 주기로 $700 + 480 + 540 = 1,720$(마리)씩 감소하므로 2040년대 이후 A~C 종의 멸종위기 동물 개체 수의 합은 다음과 같다.
>
> (단위: 마리)
>
> | 종별 | 2040년대 | 2060년대 | 2080년대 |
> |---|---|---|---|
> | A~C | 8,300 | 6,580 | 4,860 |
>
>   −1,720   −1,720
>
> 따라서 A~C 종의 멸종위기 동물 개체 수의 합이 처음으로 5,000마리 이하가 되는 시기는 2080년대임을 더욱 빠르게 계산할 수 있다.

01	02	03	04	05	06	07	08	09	10
⑤	④	②	④	②	②	①	①	①	③
11	12	13	14	15	16	17	18	19	20
⑤	②	④	④	①	③	②	③	④	③
21	22	23	24	25	26	27	28	29	30
⑤	②	③	②	②	⑤	③	②	⑤	⑤

01 명제   정답 ⑤

| 정답풀이 |

전제2의 대우명제와 전제1을 고려하면 다음과 같은 벤다이어그램을 그릴 수 있다.

'운동'이 '회사원'을 포함하고 있으므로 '회사원 → 운동'이 항상 성립한다.

따라서 정답은 '회사원 → 운동'의 대우명제인 ⑤이다.

✐ 시험장풀이

전제1과 전제2 모두 some 개념이 등장하지 않으므로 삼단논법을 사용하여 문제를 풀 수 있다. 회사원을 '회' 커피를 좋아하는 사람을 '커', 운동을 하는 사람을 '운'이라고 표시하고 전제1과 전제2를 다시 써보면 다음과 같다.

전제1: 회 → 커

전제2: ~운 → ~커

전제1과 전제2에서 모두 '커'가 등장하므로 '커'가 전제1과 전제2를 연결하는 연결고리, 즉 매개념이다. 매개념을 이용하기 위해 전제2의 대우명제를 구해보면 '커 → 운'이므로 전제1과 전제2를 서로 연결하면 '회 → 운'이라는 결론을 내릴 수 있다. 따라서 정답은, '회→운'의 대우명제인 ⑤이다.

02 명제   정답 ④

| 정답풀이 |

전제1을 만족하는 기본적인 벤다이어그램은 [그림1]과 같다.

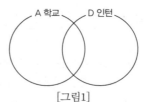

[그림1]

여기에 전제2를 덧붙인 벤다이어그램은 [그림2]와 같이 나타낼 수 있으며, 'D 인턴'을 제외한 'A 학교'와 '똑똑' 사이의 관계를 보면, 둘 사이에 뚜렷한 포함관계가 존재하진 않으나 최소한 색칠된 부분만큼은 공통으로 포함하고 있다는 것을 알 수 있다.

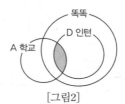

[그림2]

따라서 'A 학교'와 '똑똑' 사이엔 반드시 공통영역이 존재하므로 정답은 ④이다.

✐ 시험장풀이

전제1에 "어떤 ~는 ~이다."라는 some 개념이 있으므로 벤다이어그램을 활용한다. A 학교의 어떤 학생을 'A', D 사의 인턴을 'D', 똑똑한 사람을 '똑'이라고 표시하자. 전제1을 만족하는 기본적인 벤다이어그램은 [그림3]과 같다.

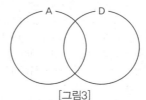

[그림3]

여기에 전제2를 덧붙인 벤다이어그램은 [그림4]와 같이 나타낼 수 있으며, 'A'와 '똑'의 공통영역에 해당하는 색칠된 부분이 반드시 존재해야 한다.

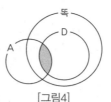

[그림4]

여기서 소거법을 사용하여 정답을 찾아보자. [그림4]를 보면 ①, ③, ⑤는 옳지 않다는 것을 알 수 있다. 한편 [그림4]의 색칠된 부분이 존재하기만 하면 'A'의 범위를 [그림5]와 같이 줄일 수 있다.

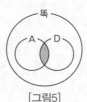

[그림5]

②의 경우 [그림5]를 반례로 내세울 수 있다. 반면
④의 경우 'A'의 범위를 아무리 변형해도 항상 참이
므로 정답은 ④이다.

03 명제   정답 ②

| 정답풀이 |

전제1과 결론의 벤다이어그램은 각각 [그림1], [그림
2]와 같다.

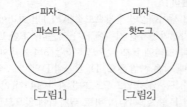

[그림1]   [그림2]

[그림1]의 상태에서 '파스타'가 '핫도그'를 포함하고
있다면 자연스럽게 [그림2]처럼 '피자'가 '핫도그'를
포함할 것이다.
따라서 전제2는 '파스타'가 '핫도그'를 포함하는 명제
인 '핫도그 → 파스타'가 되어야하므로 정답은 ②이다.

✒ 시험장풀이

전제1과 결론 모두 some 개념이 등장하지 않으므
로 삼단논법을 사용하여 문제를 풀 수 있다. 파스타
를 먹는 사람을 '파', 피자를 먹는 사람을 '피', 핫도
그를 먹는 사람을 '핫'이라고 표시하고 전제1과 결
론을 다시 쓰면 다음과 같다.
전제1 : '파 → 피'
결론 : '핫 → 피'
결론이 '핫'으로 시작하여 '피'로 끝나고, 전제1이
'피'로 끝나므로 전제2는 '핫'으로 시작해야 할 것
이다. 이에 따라 전제2를 '핫 → 파'로 두면 전제1과
결합하여 '핫 → 피'라는 결론을 얻을 수 있다. 따라
서 정답은 ②이다.

04 조건추리   정답 ④

| 정답풀이 |

B는 구매처1을 방문하므로 수요일에 방문한다. C는
판매처를 방문하면서, D보다 앞선 요일에 방문하므
로 C는 월요일 또는 화요일에 방문하고, D는 목요일
또는 금요일에 방문한다. 또한 E는 구매처를 방문하
면서, A보다 늦은 요일에 방문하므로 E는 목요일 또
는 금요일에 방문한다.

월(판매처1)	화(판매처2)	수(구매처1)	목(구매처2)	금(구매처3)
C	A	B	E	D
	A 또는 D		D 또는 A	E
A	C		D 또는 E	E 또는 D

따라서 A가 구매처를 방문한다면 구매처2를 방문한
것이고, 이때 D는 판매처2를 방문한다.

| 오답풀이 |

① D는 판매처2를 방문할 수도 있다.
② 가능한 경우의 수는 5가지이다.
③ A가 판매처를 방문했을 때, E는 구매처3을 방문
할 수도 있다.
⑤ E가 구매처3을 방문했을 때, C는 판매처1을 방문
할 수도 있다.

05 조건추리   정답 ②

| 정답풀이 |

B와 G가 마주 보므로 B를 기준으로 가장 위쪽에 기
준으로 생각하면 G는 B의 맞은편에 앉는다. 여기서
A는 B의 바로 옆에 앉지 않는데, D는 H 바로 옆에
앉고, C는 E 바로 옆에 앉으므로 A가 앉을 수 있는
자리는 G의 바로 옆자리이다. A가 G의 바로 왼쪽에
앉으면, E와 F는 마주 보고 앉으므로 A의 왼쪽에 C,
E가 순서대로 앉고, G의 바로 오른쪽에 F가 앉으며,
그 바로 오른쪽에는 D 또는 H가 앉는다. 마찬가지로
A가 G의 바로 오른쪽에 앉으면, A의 오른쪽에 C, E
가 순서대로 앉고, G의 바로 왼쪽에 F가 앉으며, 그
왼쪽에는 D 또는 H가 앉는다.

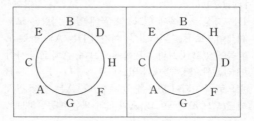

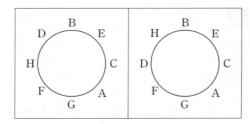

따라서 가능한 경우의 수는 4가지이다.

| 오답풀이 |
① C는 H와 마주 보고 앉을 수도 있다.
③ F의 바로 오른쪽에 D 또는 G가 앉을 수도 있다.
④ B와 E는 항상 바로 옆에 앉으므로 둘 사이에 앉는 사람은 없다.
⑤ A의 바로 오른쪽에 C가 앉는다면, C는 H와 마주 보고 앉을 수도 있다.

06 조건추리   정답 ②

| 정답풀이 |
갑을 포함한 3명의 직원은 포도주스를 주문하였고, 을은 혼자 사과주스를 주문하였으며, 나머지 한 사람은 캐모마일을 주문하였으므로 5명이 주문한 음료는 포도주스 세 잔, 사과주스 한 잔, 캐모마일 한 잔이다. 갑과 을의 음료 금액은 총 8,400원이므로 포도주스 한 잔과 사과주스 한 잔의 금액은 총 8,400원이고, 캐모마일 한 잔은 5,300원이며, 5명이 주문한 음료의 총금액은 21,300원이므로 포도주스 한 잔의 가격을 a원, 사과주스 한 잔의 가격을 b원이라고 하면, 다음과 같은 연립방정식을 세울 수 있다.
$a \times 3 + b + 5,300 = 21,300$
$\rightarrow 3a + b = 16,000$ … ㉠
$a + b = 8,400$ … ㉡
㉠−㉡을 계산하면 $a = 3,800$, $b = 4,600$이다.
따라서 사과주스 한 잔의 가격은 4,600원이다.

07 조건추리   정답 ①

| 정답풀이 |
B는 가장 오른쪽에 있고, 양 끝에 있는 차량은 모두 흰색이므로 B는 흰색이다. 여기서 D는 A의 바로 오른쪽에 있고, C보다는 왼쪽에 있으며, A와 E의 사이에 검은색 차량 한 대가 있으므로 A−D−E−C−B 순으로 주차되어 있음을 알 수 있다. A는 가장 왼쪽에 있으므로 흰색이고, A와 E의 색상은 동일하므로

E도 흰색이다. 또한 A와 E의 사이에 있는 D는 검은색이고, B의 바로 왼쪽에 있는 C는 파란색이다.

A	D	E	C	B
흰색	검은색	흰색	파란색	흰색

따라서 따라서 C의 색상은 파란색이다.

| 오답풀이 |
② 흰색 차량은 A, B, E 총 3대이다.
③ 모든 차량의 위치와 색상을 알 수 있으므로 가능한 경우의 수는 1가지이다.
④ 검은색과 파란색 차량은 D와 C 각각 1대씩 있다.
⑤ A는 흰색 차량이며, B도 흰색 차량이다.

08 조건추리   정답 ①

| 정답풀이 |
A와 B 사이에 2명이 앉으므로 A가 1번 자리에 앉는다고 가정하면 4번 자리에 B가 앉는다. 또한 B의 바로 왼쪽 자리에 F가 앉으므로 F는 5번 자리에 앉는다. 이때 남은 사람은 C, D, E인데 D의 바로 옆자리에 C와 E는 앉지 않으므로 6번 자리에 D가 앉고, A는 C와 F 중 한 사람의 바로 옆자리에 앉으므로 2번 자리에 C, 3번 자리에 E가 앉는다.

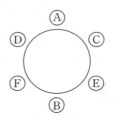

따라서 바로 옆에 나란히 앉는 사람으로 옳게 짝지어진 것은 A와 D인 ①이다.

09 조건추리   정답 ①

| 정답풀이 |
C 다음에는 A가, A 다음에는 D가 차례로 헌혈하므로 C−A−D 순서로 헌혈하며, C, F는 오전에 헌혈을 한다. 이때 B는 2번 또는 6번으로 헌혈을 하므로 B의 헌혈 순서에 따른 경우의 수는 다음과 같다.

오전			오후		
1번	2번	3번	4번	5번	6번
F	B	C	A	D	E
E	F	C	A	D	
F	E	C	A	D	B
F	C	A	D	E	

따라서 D는 4번 또는 5번으로 헌혈을 하므로 항상 오후에 헌혈을 한다.

| 오답풀이 |

② 가능한 경우의 수는 4가지이다.
③ B가 2번으로 헌혈을 하면, D는 5번으로 헌혈을 하므로 B가 D보다 먼저 헌혈을 한다.
④ F가 가장 먼저 헌혈했을 때, F의 다음 헌혈 순서는 B 또는 C일 수도 있다.
⑤ A가 4번으로 헌혈했을 때, B의 헌혈 순서는 2번일 수도 있다.

10 조건추리　　　　　　　　　　정답 ③

| 정답풀이 |

을과 병은 정 기업과 한 팀으로 프로젝트를 수행한다고 했고, 정은 갑 기업과 한 팀으로 프로젝트를 수행한다고 했으므로 셋의 대화가 참이라고 가정하면 정은 갑, 을, 병 3곳의 기업과 프로젝트를 수행하므로 5개 기업은 각각 5개국의 개발 프로젝트를 수행한다는 조건에 모순이 발생한다. 이에 따라 갑, 무의 말은 참이고, 거짓을 말하는 관계자의 기업은 을, 병, 정 중 1개이다. 갑과 무의 말에 따라 병 기업과 한 팀으로 프로젝트를 수행하는 팀은 갑, 무가 되는데 만약 병의 말이 참이라면 정 기업까지 한 팀으로 프로젝트를 수행하게 되어 모순이 발생한다. 병의 말이 거짓임을 바탕으로 각 기업이 한 팀으로 프로젝트를 수행하게 될 2개의 기업은 다음과 같다.

구분	갑	을	병	정	무
갑				○	○
을				○	○
병	○				○
정	○	○			
무		○	○		

따라서 거짓을 말하는 관계자의 기업은 병이다.

11 조건추리　　　　　　　　　　정답 ⑤

| 정답풀이 |

세 번째로 결승선을 통과한 사람은 E이고 C는 E와 연속된 순서로 결승선을 통과했으므로 C는 두 번째 또는 네 번째로 결승선을 통과했다.
1) C가 두 번째로 결승선을 통과한 경우
　B는 D보다 결승선을 늦게 통과했고, A는 결승선을 가장 먼저 통과하지 않았으므로 첫 번째로 결승선을 통과한 사람은 D이고, 네 번째와 다섯 번째로 결승선을 통과한 사람은 A 또는 B다.
2) C가 네 번째로 결승선을 통과한 경우
　마찬가지로 A와 B는 결승선을 가장 먼저 통과하지 않았으므로 D가 결승선을 첫 번째로 통과했고, 두 번째와 다섯 번째로 결승선을 통과한 사람은 A 또는 B다.

첫 번째	두 번째	세 번째	네 번째	다섯 번째
D	C	E	A 또는 B	B 또는 A
D	A 또는 B		C	B 또는 A

따라서 C가 네 번째로 결승선을 통과했다면, 두 번째로 결승선을 통과한 사람은 A 또는 B이므로 D가 아니다.

| 오답풀이 |

① 가능한 경우의 수는 총 4가지이다.
② 두 번째로 결승선을 통과한 사람은 A일 수 있다.
③ 첫 번째로 결승선을 통과한 사람은 항상 D다.
④ B가 네 번째로 결승선을 통과했다면, 두 번째로 결승선을 통과한 사람은 C다.

12 조건추리　　　　　　　　　　정답 ②

| 정답풀이 |

B는 102호에 거주하고, A는 E의 바로 아래층 호수에 거주하므로 A와 E는 각각 101호와 201호 또는 103호와 203호에 거주한다.
만약 A와 E가 101호와 201호에 거주하면 C는 D의 바로 옆 호수에 거주하므로 둘은 202호 또는 203호에 거주하고, 나머지 F는 103호에 거주한다.

201호	202호	203호
E	C 또는 D	D 또는 C
101호	102호	103호
A	B	F

만약 A와 E가 103호와 203호에 거주하면 C는 D의

바로 옆 호수에 거주하므로 둘은 201호 또는 202호에 거주하고, 나머지 F는 101호에 거주한다.

201호	202호	203호
C 또는 D	D 또는 C	E
101호	102호	103호
F	B	A

따라서 가능한 경우의 수는 총 4가지이다.

| 오답풀이 |

① A는 101호 또는 103호에 거주하므로 1층에 거주한다.
③ B의 오른쪽 호수에 거주하는 사람은 A일 수도 있다.
④ F가 103호에 거주한다면, 202호에 거주하는 사람은 D일 수도 있다.
⑤ E의 바로 왼쪽 호수에 거주하는 사람이 있다면, 그 사람은 C일 수도 있다.

---

13 조건추리　　　　　정답 ④

| 정답풀이 |

C는 A보다 등수가 높다는 B의 말과 A는 C보다 등수가 높다는 E의 말이 서로 엇갈리므로 둘 중 한 명은 거짓을 말하고, 나머지 A, C, D는 참을 말하는 것을 알 수 있다.
만약 B의 말이 거짓이면, E보다 등수가 낮다는 B의 말이 거짓이어야 하는데, E는 1등이라는 A의 말에 의해 B의 말이 참이 되므로 모순이 발생한다. 이에 따라 B의 말은 참이고, E의 말이 거짓이다.
E의 말이 거짓이면, A의 말에 의해 1등은 E이고, D는 C보다 등수가 높다. 이때 B의 말에 의해 C는 A보다 등수가 높으므로 등수는 D−C−A 순인데, E의 말이 거짓이므로 D는 B보다 등수가 낮게 되어 등수는 B−D−C−A 순임을 알 수 있다. 이에 따라 1등부터 5등까지 등수는 E−B−D−C−A 순이다.
따라서 B는 2등이다.

| 오답풀이 |

① A는 5등이다.
② B는 2등이다.
③ E는 1등이다.
⑤ D는 3등이다.

---

14 조건추리　　　　　정답 ④

| 정답풀이 |

대구 매장의 세탁기 판매 비중과 부산 매장의 에어컨 판매 비중의 합은 대전 매장의 냉장고 판매 비중과 같다. 여기서 냉장고 판매 비중을 살펴보면 범위가 30~34%이므로 이를 만족하는 세탁기 판매 비중과 에어컨 판매 비중은 각각 D 매장과 B 매장뿐이다. 이에 따라 B 매장과 D 매장은 각각 대구 매장 또는 부산 매장이고, 17+17=34(%)를 만족하는 A 매장은 대전 매장이다. 또한 대구 매장과 대전 매장의 세탁기 판매 비중의 합은 인천 매장의 에어컨 판매 비중과 같은데, 마찬가지로 이를 만족하는 에어컨 판매 비중은 C 매장의 32+17=49(%)뿐이다. 이에 따라 D 매장은 대구 매장이고, C 매장은 인천 매장이며, B 매장은 부산 매장이다.
따라서 C 매장과 D 매장은 각각 인천 매장, 대구 매장이다.

---

15 도형추리　　　　　정답 ①

| 정답풀이 |

오른쪽 열로 이동할 때, 내부 도형은 아래 칸으로 한 칸씩 이동하며, 배경의 음영은 반시계 방향으로 90° 회전한다.

내부 아래 한 칸,　　　내부 아래 한 칸,
배경 반시계 90°　　　배경 반시계 90°

---

16 도형추리　　　　　정답 ③

| 정답풀이 |

1행에서 2행으로 이동할 때, 도형의 색이 반전되고, 2행에서 3행으로 이동할 때, 도형이 좌우 대칭된다.

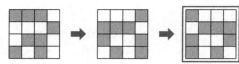

색 반전　　　　　좌우 대칭

17 도형추리 정답 ②

| 정답풀이 |

3열의 도형은 1열 도형과 2열 도형에서 음영이 한 번만 칠해진 부분을 칠한 것이다.

한쪽만 음영
있는 부분에
음영

18 도식추리 정답 ③

| 정답풀이 |

주어진 기호의 규칙은 다음과 같다.

기호	규칙
▲	ABCD → BDCA
♣	(−2, −2, −2, −2)
♥	ABCD → DACB
★	(+3, −1, +3, −1)

3719 → ♥ → 9317 → ★ → (2246)

🖊 시험장풀이

다음과 같이 문자표를 일단 적어놓는다.

A	B	C	D	E	F	G	H	I	J	K	L	M
N	O	P	Q	R	S	T	U	V	W	X	Y	Z

주어진 도식을 보면 ▲ → ♣ → ♥ → ★ 순으로 규칙을 파악해야 한다.

- ▲: 2K8D → KD82로 추론할 수 있다. 명백한 순서 바꾸기 규칙으로, ABCD → BDCA이다.
- ♣: SCHU에 ▲를 적용하면 CUHS이다. 따라서 ♣는 CUHS → ASFQ로 추론할 수 있다. 명백한 숫자연산 규칙으로, (−2, −2, −2, −2)이다.
- ♥: HKMV에 ♣를 역으로 적용하면 JMOX이다. 따라서 ♥는 MXOJ → JMOX로 추론할 수 있다. 순서 바꾸기 또는 숫자연산 규칙 모두 가능하지만, 숫자연산 규칙이라면 너무 극단적인 덧셈뺄셈이 되어버린다. 따라서 순서 바꾸기 규칙이라고 가정하면, ABCD → DACB이다.
- ★: ASFQ에 ♥를 역으로 적용하면 SQFA이다. 따라서 ★는 PRCB → SQFA로 추론할 수 있다. 명백한 숫자연산 규칙으로, (+3, −1, +3, −1)이다.

따라서 3719 → ♥ → 9317 → ★ → 22460이므로 정답은 ③이다.

19 도식추리 정답 ④

| 정답풀이 |

SMHE → ▲ → MEHS → ♥ → SMHE → ♣ → (QKFC)

20 도식추리 정답 ③

| 정답풀이 |

(3G3X) → ▲ → GX33 → ★ → JW62

21 도식추리 정답 ⑤

| 정답풀이 |

(4196) → ★ → 7025 → ♣ → 5803 → ▲ → 8305

22 어휘추리 정답 ②

| 정답풀이 |

- 기상하다: 잠자리에서 일어나다.
- 취침하다: 잠자리에 들어 잠을 자다.

두 단어의 관계는 반의관계이다. '전진하다'는 "앞으로 나아가다."라는 뜻이므로 "뒤로 물러나다."라는 뜻의 '후퇴하다'와 반의관계이다.

따라서 정답은 ②이다.

| 오답풀이 |

① 전행하다: 앞으로 나아가다.
③ 후미하다: 음식의 맛이 진하다.
④ 이행하다: 실제로 행하다.
⑤ 나아가다: 앞으로 향하여 가다.

23 어휘추리 정답 ③

| 정답풀이 |

① 청결: 맑고 깨끗함
  오염: 더럽게 물듦
② 유죄: 잘못이나 죄가 있음
  무죄: 아무 잘못이나 죄가 없음

③ 부착: 떨어지지 아니하게 붙음

　장착: 의복, 기구, 장비 따위에 장치를 부착함

④ 거짓: 사실과 어긋난 것

　진실: 거짓이 없는 사실

⑤ 기립: 일어나서 섬

　착석: 자리에 앉음

따라서 ①, ②, ④, ⑤는 반의관계이지만, ③은 유의관계이므로 정답은 ③이다.

---

24 독해추론 　　　　　　　　　정답 ②

| 정답풀이 |

국가전략기술이 아닌 일반 기술, 신성장·원천기술도 세제 혜택을 주기로 하였다.

| 오답풀이 |

① 추가 세액공제율도 올해에 한해 10%로 상향 조정되어 투자증가분까지 합치면 중소기업은 35%까지 세금을 감면받게 될 예정이다.

③ 정부는 시금 혜택으로 인해 내년 세수가 3조 6,500억 원, 이후에도 1조 3,700억 원 감소할 것이라고 하였으므로 내년과 그 이후에도 세수는 감소할 것이다.

④ 중견기업 A가 반도체 시설 건립에 240억 원을 투자하였다면 240억 원의 15%에 해당하는 36억 원의 세금혜택을 받게 될 것이다.

⑤ 투자 세액공제율을 기존 6%에서 8%로 올렸으므로 대기업 B가 국가전략기술 시설에 1,000억 원을 투자하였을 때 80억 원의 세금혜택을 받을 수 있다.

---

25 독해추론 　　　　　　　　　정답 ②

| 정답풀이 |

순수한 반도체 물질인 저마늄에 불순물인 알루미늄을 첨가하면 정공의 수를 증가시킴으로써 전도성을 높여 저항을 감소시킴을 알 수 있다.

| 오답풀이 |

① 알루미늄(Al)·붕소(B)·갈륨(Ga)·인듐(In)은 모두 3가 원소임을 알 수 있다.

③ 불순물 반도체는 진성 반도체보다 전도성이 높아 반도체 소자로 많이 사용됨을 알 수 있다.

④ '규소의 가전자(가장 바깥 궤도를 도는 전자)가 4개인데 비해 붕소는 3개이므로 공유결합하기 위해서는 가전자 1개가 부족하다'라고 하였으므로 공유결합을 하기 위해서는 가전자의 수가 같아야 한다.

⑤ 순수한 반도체 물질에 불순물인 알루미늄을 첨가하면 정공의 수를 증가시킬 수 있고, 이때 정공의 수를 증가시킨 것이 p형 반도체임을 알 수 있다.

---

26 독해추론 　　　　　　　　　정답 ⑤

| 정답풀이 |

'컴퓨팅의 기본 개념을 정의한 폰 노이만 구조는 1945년대 처음 등장한 이후 약 70년 넘게 컴퓨터, 스마트폰, 데이터센터 등 기계연산이 필요한 모든 분야의 골격이 됐다.'라고 하였으므로 폰 노이만 구조가 약 70년간 메모리 반도체 기술 진보에 걸림돌이었다고 볼 수 없다.

| 오답풀이 |

① PIM은 단순히 데이터를 저장, 기억만 하던 메모리 반도체의 기능을 연산·추론으로 확대했음을 알 수 있다.

② PIM 도입과 함께 '중앙집권형' 연산 체계가 분권형으로 바뀌게 되고, 데이터 처리의 효율성이 높아짐을 알 수 있다.

③ 대다수의 컴퓨터, 스마트폰, 웨어러블 등의 전자기기는 폰 노이만 컴퓨팅 구조로 설계돼 있음을 알 수 있다.

④ '통신 기술의 발달과 데이터, 콘텐츠의 이동량이 기하급수적으로 증가한 최근에는 이런 데이터 병목현상이 기술 진보의 걸림돌이 되고 있다.'라고 하였으므로 옳은 진술이다.

---

27 독해추론 　　　　　　　　　정답 ③

| 정답풀이 |

코로나19 이후 반도체 수요가 늘면서 대기업·중소기업 가릴 것 없이 기술개발과 생산 확대를 위한 인재 유치에 나섰다고 하였다. 그리고 최근 삼성전자, 인텔, TSMC 등이 투자를 늘리고 있다고 하였으므로 많은 기업이 반도체 산업 인력난으로 인하여 투자를 축소하고 있다는 진술은 거짓이다.

| 오답풀이 |

① 반도체는 한국 전체 수출액인 520억 달러의 약 20%를 차지하므로 한국의 반도체 수출액은 약 520×0.2=104(억 달러)임을 알 수 있다.

② 5G, 사물인터넷, 자율주행차 등 디지털 혁명의 가속화로 반도체 수요가 폭발했지만, 공급이 수요를 따라가지 못하여 반도체 대란이 발생했음을

알 수 있다.

④ 지방대학의 교수 채용과 연구장비 확충 등으로 지방대학을 살리면 반도체 인력을 확보할 수 있음을 알 수 있다.

⑤ 한국은 반도체 산업의 경쟁력 강화를 위해 일본 정부와 차세대 2나노미터 반도체 공동개발 등에 합의하였음을 알 수 있다.

28 독해추론   정답 ②

| 정답풀이 |

문화인류학에서는 인간의 행동을 문화나 사회와 관련 지어 이해하고 연구해야 한다고 주장하고 있다. 이러한 관점에서 사회생물학이 인간의 행위를 재생산적 성공과 인구 유전학의 관점에서 다루면서 문화나 학습 행위의 효과를 무시하고 있다고 비판할 수 있다.

| 오답풀이 |

① 사회생물학은 실험과 관찰에 초점을 맞춘 것이 아니라, 자연선택의 원리를 기초로 한 다윈의 진화론에 근간을 두고 있다.

③ 인간을 실험 대상으로 삼고 있다는 내용은 찾을 수 없다.

④ 제시된 내용과 거리가 멀다.

⑤ 인간이 자연선택의 원리에 기초하여 진화한 것으로 보는 것이다. 이에 다양한 동물 종들의 사회적 행위를 그 개체들 사이에서 이루어진 재생산적 성공의 결과로서 진화해 온 것으로 보는 것이다. 다시 말해, 다른 동물의 행동과 선택적 비교를 하는 것이 아니다.

29 독해추론   정답 ⑤

| 정답풀이 |

[보기]에서 '갑은 이들과 함께 공동소송을 하여 A 회사에 사이트 운영의 중지와 피해의 배상을 청구하였다.'를 통해 소송의 목적을 알 수 있다.

| 오답풀이 |

① 첫 번째 글에서 '당사자의 수가 지나치게 많으면 한꺼번에 소송을 진행하기에 번거롭다.'를 통해 옳지 않다는 것을 알 수 있다.

② [보기]에서 '갑은 이들과 함께 공동소송을 하여 A 회사에 사이트 운영의 중지와 피해의 배상을 청구하였다.'를 통해 개인 정보 판매에 대한 경각심을 일깨우려 하였다고 보기는 어렵다.

③ 공동소송이 공익적 성격을 지닌다는 점은 주어진 글을 통해 알 수 없는 내용이다.

④ 소송 당사자 외의 소송에 참여하지 않았던 피해자도 배상을 받을 수 있다는 것은 주어진 글을 통해 알 수 없는 내용이다.

30 독해추론   정답 ⑤

| 정답풀이 |

주어진 두 글은 명목 환율과 지수에 관한 내용으로, 각국의 화폐를 예로 들어 환율에 관해 설명하고 있다. [보기]에서 환율 지수가 다양한 환율을 자국 화폐의 국제적 가치를 나타내는 단일 지표로 변환하는 것이라고 하였으므로 달러가 절상 또는 절하되었다면 환율이 변한 것이고 이는 여러 가지 개별 환율들을 고려한 환율 지수의 변화를 지칭한 것임을 알 수 있다.

| 오답풀이 |

① 달러가 절상 또는 절하되었다는 것은 환율이 변했다는 것이고 이는 자국 통화의 가치가 변한 것임을 알 수 있다.

②, ③ 주어진 두 글로는 화폐 가치의 유동성, 인플레이션, 금리 인상과 환율과의 관계를 알 수 없다.

④ '뚜렷한 기준'에 대한 설명이 부족하다.

MEMO

여러분의 작은 소리
에듀윌은 크게 듣겠습니다.

본 교재에 대한 여러분의 목소리를 들려주세요.

공부하시면서 어려웠던 점, 궁금한 점,

칭찬하고 싶은 점, 개선할 점, 어떤 것이라도 좋습니다.

에듀윌은 여러분께서 나누어 주신 의견을

통해 끊임없이 발전하고 있습니다.

에듀윌 도서몰 book.eduwill.net
- 부가학습자료 및 정오표: 에듀윌 도서몰 → 도서자료실
- 교재 문의: 에듀윌 도서몰 → 문의하기 → 교재(내용, 출간) / 주문 및 배송

GSAT 최최종 봉투모의고사

발 행 일	2023년 3월 16일 초판
편 저 자	에듀윌 취업연구소
펴 낸 이	김재환
펴 낸 곳	(주)에듀윌
등록번호	제25100-2002-000052호
주 소	08378 서울특별시 구로구 디지털로34길 55
	코오롱싸이언스밸리 2차 3층

www.eduwill.net
대표전화 1600-6700

에듀윌 취업
GSAT 삼성직무적성검사
최최종 봉투모의고사

고객의 꿈, 직원의 꿈, 지역사회의 꿈을 실현한다

펴낸곳 (주)에듀윌 **펴낸이** 김재환 **출판총괄** 김형석
개발책임 김기임, 윤은영 **개발** 조동욱
주소 서울시 구로구 디지털로34길 55 코오롱싸이언스밸리 2차 3층
대표번호 1600-6700 **등록번호** 제25100-2002-000052호
협의 없는 무단 복제는 법으로 금지되어 있습니다.

에듀윌 도서몰 book.eduwill.net
• 부가학습자료 및 정오표: 에듀윌 도서몰 → 도서자료실
• 교재 문의: 에듀윌 도서몰 → 문의하기 → 교재(내용, 출간) / 주문 및 배송

①

정답

②

정답

③

정답

④

정답

⑤

정답

⑥

정답

⑦

정답

⑧

⑨

정답

정답

⑩

정답

⑪

정답

⑫

정답

⑬

정답

⑭

정답

⑮

정답

⑯

정답

⑰

정답

⑱

정답

⑲

정답

⑳

정답

① 정답

② 정답

③ 정답

④ 정답

⑤ 정답

⑥ 정답

⑦ 정답

⑧ 정답

⑨

정답

⑩

정답

⑪

정답

⑫

정답

⑬

정답

⑭

정답

⑮

정답

⑯

정답

⑰

정답

⑱

정답

⑲

정답

⑳

정답

㉑

정답

㉒

정답

㉓

정답

㉔

정답

㉕

정답

㉖

정답

㉗

정답

㉘

정답

㉙

정답

㉚

정답

①

②

정답

정답

③

④

수리논리

정답

정답

⑤

정답

⑥

정답

⑦

정답

⑧

정답

⑨

정답

⑩

정답

⑪

정답

⑫

정답

⑬

⑭

수리논리

정답

정답

⑮

정답

⑯

정답

⑰

정답

⑱

정답

⑲

정답

수리논리

⑳

정답

성명:

SAMSUNG

①

정답

②

정답

③

정답

④

정답

⑤

정답

⑥

정답

⑦

정답

⑧

정답

⑨

정답

⑩

정답

⑪

정답

⑫

정답

⑬

정답

⑭

정답

⑮

정답

⑯

정답

⑰

정답

⑱

정답

⑲

정답

⑳

정답

㉑

정답

㉒

정답

㉓

정답

㉔

정답

성명:

SAMSUNG

㉕

정답

㉖

정답

㉗

정답

㉘

정답

㉙

정답

㉚

정답

①

정답

②

정답

③

정답

④

정답

수 리 논 리

⑤

정답

⑥

정답

⑦

정답

⑧

정답

⑨

정답

⑩

정답

⑪

정답

⑫

정답

⑬

정답

⑭

정답

⑮

정답

⑯

정답

⑰

정답

⑱

정답

⑲

정답

⑳

정답

성명: 수험번호:

①

정답

②

정답

③

정답

④

정답

⑤

정답

⑥

정답

⑦

정답

⑧

정답

⑨

정답

⑩

정답

⑪

정답

⑫

정답

⑬

정답

⑭

정답

⑮

정답

⑯

정답

⑰

정답

⑱

정답

⑲

정답

⑳

정답

㉑

정답

㉒

정답

㉓

정답

㉔

정답

㉕

정답

㉖

정답

㉗

정답

㉘

정답

㉙

정답

㉚

정답